C

Stefanie Hiekmann

# CLEVER CARB

## GESUND GENIESSEN OHNE VERZICHT

DK

# Liebe Genießerinnen und Genießer!

Für viele Menschen ist Low Carb ein reines Diät-Thema. Quasi der Nachfolger von Low Fat, eine Alternative zu Trennkost, Paleo, Atkins, Glyx & Co. Eigentlich schade. Denn tatsächlich ist Low Carb sehr viel mehr und vor allem eines nicht: ausschließlich ein Diät-Thema.

Nach dem aktuellen Stand der Forschung ist das Reduzieren von Kohlenhydraten in der täglichen Ernährung zwar eine sehr geeignete und vor allem auch Erfolg versprechende Möglichkeit, schnell und zugleich langfristig an Gewicht zu verlieren. Gleichzeitig empfehlen Ernährungsmediziner mittlerweile aber auch normalgewichtigen, ja sogar schlanken Menschen, zunehmend auf Kohlenhydrate zu verzichten. Denn »Low Carb ist für uns alle sinnvoll!«, erklärt etwa der bekannte und renommierte Ernährungsmediziner Dr. Matthias Riedl (*Die Ernährungs-Docs*) in diesem Buch im Interview.

### CARB-ÜBERSCHUSS

Die Erklärung liegt auf der Hand: Wir leben in einer vergleichsweise inaktiven Gesellschaft. Wir sitzen mehr, als dass wir uns bewegen, und auch der Beruf verlangt den meisten Menschen keine körperlichen Höchstleistungen mehr ab. Unser Körper ist dementsprechend gar nicht darauf angewiesen, ständig Unmengen von schnell verfügbaren Kohlenhydraten aufzunehmen. Ganz im Gegenteil: Futtert man den ganzen Tag über belegte Brötchen, Kekse, gesüßten Fruchtjoghurt, Pasta in der Mittagspause und trinkt nebenbei womöglich noch süße Obst-Smoothies, während sich der Arbeitstag im Prinzip meist nur auf sechs bis zehn Quadratmetern im Büro abspielt, hat der Körper einen massiven Überschuss an Kohlenhydraten. Er weiß quasi nicht mehr wohin damit und speichert diese

überschüssige Energie also in Form von Fett als »Notreserve für schlechte Zeiten«: Gleichermaßen lästige wie ungesunde Pölsterchen entstehen.

Das steigende Körpergewicht ist allerdings nur eine mögliche Konsequenz. Mindestens genauso dramatisch sind die gesundheitlichen Folgen wie eine langsam und unbemerkt entstehende Fettleber oder Entzündungskrankheiten (beispielsweise Neurodermitis), die durch den dauerhaft hohen Blutzuckerspiegel im Körper gefördert werden. Und genau diese Krankheitsbilder treffen eben nicht nur Übergewichtige, sondern auch Menschen, die sich im Bereich des Normalgewichts bewegen: »Wir sehen bei uns in der Praxis Normalgewichtige, ja sogar schlanke Sportler, die sich durch all den Zucker eine Fettleber angegessen haben. Deshalb hat Low Carb auch nicht nur mit Abnehmen und Diät zu tun«, erklärt Ernährungsmediziner Dr. Matthias Riedl.

Nudeln, Reis, Brot, frisch gebackenes Baguette, das süße Müsli am Morgen oder die Kekse am Nachmittag: Unser Ernährungsalltag wird beherrscht von oftmals sogar äußerst leckeren High-Carb-Bomben, die fast jeder gerne isst und die deshalb auch umso häufiger verzehrt werden – und sei es als »kleine Belohnung« zwischendurch. In der Konsequenz nehmen wir so tendenziell eher zu viele Kohlenhydrate zu uns als zu wenig. »Niemand muss Angst haben, zu wenig Kohlenhydrate zu bekommen«, sagt Dr. Riedl. Denn auch Gemüse, Nüsse, Saaten oder Käse enthalten moderate Carb-Mengen. Es gebe keinen Grund, in unserer Gesellschaft aktiv dafür zu sorgen, ausreichend Kohlenhydrate zu sich zu nehmen. »Das passiert ganz automatisch«, so Riedl.

Die Idee einer langfristigen Low-Carb-Ernährung geht dementsprechend viele Menschen etwas an. Nämlich alle, die sich im Alltag bewusster, gesünder und dadurch vielfältiger ernähren möchten.

### MEHR ALS EIN TREND

Als Foodjournalistin und Kochbuchautorin setze ich mich immer wieder mit aktuellen Ernährungstrends auseinander. Ich spreche mit Wissenschaftlern, Ärzten und Experten. Und höre natürlich auch in der direkten Umgebung, wie dieser oder jener Trend ankommt. Tatsächlich höre und lese ich auch zu Low Carb nun schon viele Jahre sehr viel. Vor allem eine Menge Positives.

Viele Menschen in meinem persönlichen Umfeld sind von Low Carb als Ernährungsweise überzeugt. Einige haben sie genutzt, um abzunehmen, andere leben langfristig danach – und sei es nur zum Abendessen, um auf diese Weise ein gesundes Gleichgewicht in ihre Ernährung zu bringen.

Auch ich selbst koche seit einigen Jahren Low Carb – oftmals sogar unbewusst. Denn nahezu alle Rezepte, die ich entwickle, starten mit Gemüse. Komponente für Komponente wird durch weitere Gemüsesorten, Kräuter, Gewürze, Käse, Nüsse, Eier, Saaten, Fisch oder Fleisch dann ein ganzes Gericht daraus. Mittags liegen mir Nudeln und Reis oft zu schwer im Magen und beeinträchtigen gefühlt die Produktivität am Nachmittag. Abends sieht es ähnlich aus: Wenn es mal Kohlenhydrate gibt, dann eher in der Neben-, selten in der Hauptrolle. Ein gutes Bauchgefühl ist für mich das A und O für gesunden Genuss.

Das heißt nicht, dass ich im Restaurant nicht auch gerne ein tolles Nudelgericht, mal eine Pizza oder auch andere High-Carb-Gerichte bestelle – überhaupt kein Problem. Ich finde es sogar wichtig, nicht allzu streng mit sich und seiner Ernährung zu sein. Meistens sagt einem am nächsten Tag schon der Bauch, dass er jetzt mehr Appetit auf einen frischen Salat oder ein leichtes Gemüsegericht hat.

Eine genussorientierte Low-Carb-Küche mit Rezepten, die genau diese Leichtigkeit und den Genuss vereinen, gibt uns jeden Tag wieder die Möglichkeit, für Ausgewogenheit zu sorgen: Nach einem genussvollen High-Carb-Essen folgen einfach wieder ebenso köstliche wie raffinierte Low-Carb-Gerichte. Kein Wort von Diät, keine Rede von Verzicht. Einfach eine natürliche Balance, die Kohlenhydraten Raum gibt, aber auch interessante Alternativen dazu bietet: CLEVER CARB eben.

## DIE BALANCE FINDEN

Die Idee dieses Buches ist es, Low Carb aus der unliebsamen Diät-Ecke zu holen. Zu zeigen, dass es nichts mit Verzicht und Einschränkungen zu tun haben muss. Ganz im Gegenteil: Low Carb hält herrlich vielfältige, raffinierte Rezepte und Ideen bereit, die den Ernährungsalltag vielleicht sogar viel bunter werden lassen, als wenn man einfach, ohne groß nachzudenken, drauflos essen würde.

Ich habe für die Rezepte in diesem Buch viel experimentiert, habe spannende und erhellende Interviews und Gespräche mit Ernährungsmedizinern, aber auch mit Spitzenköchen geführt. Denn, wer hätte das gedacht: Low Carb ist tatsächlich auch in der gehobenen Gastronomie ein großes Thema. Warum das so ist und was wir von Spitzenköchen in Sachen leichter Küche auch für zu Hause lernen können, lesen Sie ab Seite 58.

Der Ernährungsmediziner Dr. Matthias Riedl erläutert interessantes Hintergrundwissen und erklärt, wie eine perfekte Low-Carb-Ernährung im Alltag aussehen kann.

Den größten Raum in diesem Buch nehmen aber natürlich die Rezepte ein: Sie liefern jede Menge Ideen, ausführliche Anleitungen und Praxis-Input, um direkt loszulegen. Viele Sonderseiten mit cleveren Tipps und Tricks helfen bei der Umsetzung im Alltag.

Mein Tipp: Verraten Sie Familienmitgliedern und Freunden, die dem Thema vielleicht zunächst skeptisch gegenüberstehen (»Was, ich soll ohne Nudeln auskommen?! Auf gar keinen Fall!«) nicht unbedingt, nach welcher Idee Sie zukünftig kochen. Denn wenn man einfach nur von den Gerichten probiert, isst und genießt, wird niemand auf die Idee kommen, etwas zu vermissen. Und an eine Diät denkt spätestens jetzt niemand mehr.

Viel Freude beim Ausprobieren, Kochen und weiteren Experimentieren!

Stefanie Hiekmann

G

D

G

U N

A

E

# DR. MATTHIAS RIEDL: LOW CARB IST FÜR UNS ALLE SINNVOLL!

Low Carb? Aha, hier geht es um Diät! Für viele Menschen ist das Reduzieren von Kohlenhydraten direkt mit Gewichtsreduktion verknüpft. Zu kurz gedacht: Der Hamburger Ernährungsmediziner Dr. Matthias Riedl erklärt, warum es dabei um sehr viel mehr geht.

**Herr Dr. Riedl, wie bewerten Sie Low Carb als dauerhafte Ernährung?**
Low Carb ist schon eine Errungenschaft nach all den Jahrzehnten unsinniger Diäten, die die Leute mehr verunsichert haben, als dass sie etwas bewirkt hätten. Denn Low Carb ist keine Diät im klassischen Sinne. Das Reduzieren von Kohlenhydraten hat in der täglichen Ernährung vielmehr mit Balance und Gleichgewicht als mit knallhartem Verzicht zu tun.

Stellen Sie sich vor, Sie gehen durch die Innenstadt oder den Hauptbahnhof. Alles, was Sie sich jetzt gegen den schnellen Hunger kaufen können, sind regelrechte High-Carb-Produkte: Belegte Brötchen, Sandwiches, Kuchen, süße Smoothies. Das ist alles Zucker in Massen – und damit ein Übermaß an Kohlenhydraten, das unsere westliche Ernährung maßgeblich prägt und schädigt. Niemand muss Angst haben, zu wenig Kohlenhydrate zu sich zu nehmen. Wir sehen bei uns in der Praxis Normalgewichtige, ja sogar schlanke Sportler, die sich durch all den Zucker eine Fettleber angegessen haben. Deshalb hat Low Carb auch nicht nur mit Abnehmen und Diät zu tun. Low Carb ist für uns alle sinnvoll!

**Und was ist mit Low Fat? Vor ein paar Jahren war das ja noch der Königsweg.**
Das ist richtig. Inzwischen haben wir Einblicke in immer mehr Studien, die sehr interessante Ergebnisse hervorbringen. Schon vor zehn oder fünfzehn Jahren hat man angefangen, Low Carb und Low Fat miteinander zu vergleichen. Damals waren die Unterschiede und Erfolgsaussichten beider Ernährungsformen ähnlich. Mittlerweile ist Low Carb auch in den Studien unangefochten die Nummer eins. Erklären lässt sich das recht leicht. Es genügt schon ein Blick auf

BOSCH

unseren täglichen Speiseplan: Brot, Brötchen, gesüßtes Müsli, Gebäck, Nudeln, Fruchtsäfte – wir haben schlichtweg ein Überangebot an Kohlenhydraten, auf das die meisten Menschen auch gerne zurückgreifen. Das widerspricht aber einer gesunden und ausgewogenen Ernährung.

**Was passiert denn, wenn wir zu viele Kohlenhydrate zu uns nehmen?**
Der entscheidende Punkt ist ja: Wir müssen uns fragen, wofür wir Kohlenhydrate überhaupt brauchen. Hauptsächlich benötigen wir sie für die Verbrennung in der Muskulatur. Und da fährt uns leider in die Hacken, dass wir in einer relativ inaktiven Gesellschaft leben. Das heißt: Wir nehmen viel mehr Kohlenhydrate zu uns, als unser Körper eigentlich braucht. Oft wird nicht mal die Hälfte der Kohlenhydrate, die wir zu uns nehmen, verbrannt. Die Konsequenz sind genauso unerwünschte wie gesundheitsschädliche Fettpolster, in denen das Übermaß an Kohlenhydraten gespeichert wird.

**Das heißt also, dass Low Carb langfristig vor Übergewicht schützen kann?**
Ganz richtig. Wir müssen uns von dem Gedanken lösen, dass sich nur Übergewichtige um ihre Ernährung kümmern müssen. Es ist viel einfacher, früher anzusetzen und nicht erst, wenn es zu spät ist. Eine ausgewogene und genussreiche Ernährung ist mit Low Carb für fast jeden möglich.

**Gibt es denn Menschen, für die Low Carb möglicherweise nicht der richtige Weg ist?**
Hochleistungssportler sollten aufpassen. Sie verbrennen die Kohlenhydrate

und brauchen daher auch eine größere Menge davon. Das bedeutet aber nicht, dass sie nur noch Nudeln und Brot essen sollten. Besser wären auch hier die gesunden Kohlenhydrate, die es vor allem in Nüssen, Hülsenfrüchten, Vollkornprodukten und -nudeln gibt. Das sind Kohlenhydrate, die den Blutzucker nicht rasant, sondern langsam ansteigen lassen. Ein Riesenunterschied für unseren Körper.
Wenn Hochleistungssportler zu wenig Kohlenhydrate essen, fangen sie an, Muskeln zu verbrennen: Das Gegenteil von dem, was sie wollen.

»Nicht nur Übergewichtige müssen sich um ihre Ernährung kümmern.«

**Was gibt es bei Low Carb sonst zu beachten – gibt es Fehler, die man vermeiden sollte?**
Absolut! Es gibt immer wieder Missverständnisse im Kontext der verschiedenen Ernährungswege. Das Weglassen oder Reduzieren von Kohlenhydraten allein reicht nicht aus. Sie müssen auch definieren, was Sie stattdessen essen. Und wenn Sie Low Carb zum Beispiel zu proteinlastig fahren – und damit meine ich tierische Proteine – dann widerspricht das schnell einer ausgewogenen und gesunden Ernährung. Menschen, die sich langfristig und konsequent Low Carb ernähren, sollten gewisse Begrenzungen beim Fleischkonsum, vor allem von rotem Fleisch, beachten. Innerhalb einer Woche sollte man nicht mehr als 500 g rotes Fleisch zu sich nehmen. Keine Frage: Sie würden trotzdem Gewicht reduzieren, steigern aber zugleich andere Gesundheitsrisiken, zum Beispiel, an Diabetes oder Krebs zu erkranken. Ich sehe deshalb auch die ketogene Ernährung und die Paleo-Diät sehr kritisch.
Wir müssen für einen ausgewogenen Speiseplan sorgen. Und für Menschen, die sich an Low Carb halten, bedeutet das, vor allem pflanzliche Proteine aus Gemüse, Hülsenfrüchten oder Nüssen einzubauen, damit ist das Essen gesünder.

Auch Fisch ist absolut wünschenswert und darf definitiv häufiger auf dem Tisch landen als rotes Fleisch. Eine wichtiger Richtwert, an dem man sich orientieren sollte, sind 500 g Gemüse am Tag. Wer seine Gerichte ohne Gemüse kocht, wird es schwer haben, dass sie am Ende gesund sind. Wir sollten immer vom Gemüse aus denken und das Gemüse geschickt und lecker verpacken. Die mediterrane Küche macht das übrigens sehr gut!

**Angenommen, man nutzt Low Carb als langfristige Ernährungsweise. Mal intensiver, mal gezielt eingesetzt, um sich zum Beispiel im Urlaub ausgewogener zu ernähren. Wie viele Ausnahmen darf es geben? Wenn der Appetit dann doch mal nach Nudeln oder Pizza verlangt – darf man dem dann nachgeben?**
Ja, natürlich, gerade in der langfristigen Ernährung auf jeden Fall! Wir sollten insgesamt nicht mehr als zwei bis drei Mahlzeiten am Tag zu uns nehmen. Wenn dann mal mehr Kohlenhydrate dabei sein sollten, ist das in Ausnahmen völlig in Ordnung.

Zitronen-

Sogar wünschenswert: Essen sollte nicht dogmatisch werden. Lebensqualität ist wichtig, Genießen auch. Sonst werden wir Menschen schnell zwanghaft, das sollte nicht passieren. Man kann das gut mit Geldausgeben vergleichen: Sie können durchaus mal 1000 Euro ausgeben, ist Ihnen sicher auch schon passiert. Das kann man mal machen, aber eben nicht jeden Tag. So ist es auch mit dem Essen: Natürlich darf es mal eine süße Nachspeise, eine Portion Nudeln beim Italiener oder ein gut gemachter Burger sein. Es muss in den täglichen Rahmen passen und darf eben nicht regelmäßig passieren, sonst ist es keine gesunde Ernährung mehr.

**Sie sprechen von zwei bis drei Mahlzeiten am Tag. Von Snacks raten Sie also ab?**
So ist es! Wenn Sie alle zwei bis drei Stunden etwas essen, haben Sie einen dauerhaft erhöhten Blutzucker- und Insulinspiegel: Sie befinden sich quasi ständig im Fettaufbaumodus. Abnehmen ist in dieser Situation quasi unmöglich, aber auch das Gewichthalten ist schwer. Der Körper schüttet durch den erhöhten Blutzuckerspiegel nahezu ständig Entzündungsmediatoren aus, die die Bauchspeicheldrüse belasten und Entzündungen jeglicher Art im Körper fördern. Und das hat dann Folgen, die gar nicht primär mit Figur oder Körpergewicht zusammenhängen, aber mindestens genauso problematisch sind: Wir haben Patienten erlebt, deren Arthrose außerordentlich stark schmerzt. Auch auf rheumatische Erkrankungen oder Neurodermitis haben zu viele kleine Mahlzeiten fatale Auswirkungen. Es gibt viele Krankheitsbilder, die sich nachweislich durch eine gute oder eben auch schlechte Ernährung signifikant beeinflussen lassen. Sogar bei Depressionen sehen wir mittlerweile einen Zusammenhang zwischen Symptomatik und Ernährung. Wir raten deshalb, mindestens vier bis fünf Stunden Abstand zwischen den einzelnen Mahlzeiten zu lassen. Und wer das Intervall-Fasten für sich entdeckt, umso besser. Es ist für uns Menschen überhaupt kein Problem, mit zwei Mahlzeiten am Tag auszukommen. Bei Patienten mit Entzündungskrankheiten sehen wir große Erfolge durch das Reduzieren von Mahlzeiten.

»Es ist für uns kein Problem, mit zwei Mahlzeiten am Tag auszukommen.«

**Ist es eigentlich egal, was ich zu welcher Uhrzeit esse?**
Der aktuelle Studienstand sagt ganz klar: Ja. Es gibt derzeit keine klaren Erkenntnisse, die besagen, wann man wie und was essen sollte. Es kommt auf die Rhythmik an – die besagten Abstände zwischen den Mahlzeiten sind entscheidend. Die einzige Ausnahme sind Diabetiker. Studienergebnisse geben hier eindeutig eine Richtung vor: Diabetiker sollten morgens frühstücken und abends besonders wenig Kohlenhydrate zu sich nehmen. Für alle anderen ist es egal, ob das Frühstück, das Mittagessen oder das Abendessen besonders üppig, früh oder spät ausfällt. Jeder sollte sich

»Oftmals verwechseln wir Hunger und Durst.«

fragen, wie er eine gesunde Ernährung in seinen Alltag, in sein Leben integrieren kann.

**Was muss ich tun, um Low Carb zum Abnehmen zu nutzen?**
Der Effekt von Low Carb ist ja überwiegend der, dass schnell resorbierbare Kohlenhydrate (Zucker, Fruchtzucker, raffiniertes Mehl etc.) reduziert werden und der Körper gezwungen wird, an seine eigenen Energiereserven zu gehen. Das funktioniert vor allem dann, wenn Sie Gemüse in den Mittelpunkt Ihres Ernährungsplans stellen und den Eiweißanteil nicht zu sehr hochschrauben. Wenn Sie sich konsequent an diese Ernährungsform halten, werden Sie abnehmen. Wenn Sie dies auch noch mit Intervallfasten (16 Stunden nicht essen, 8 Stunden essen) kombinieren, kann das wie ein Turbo zum Abnehmen wirken. Das Intervallfasten funktioniert aber interessanterweise nicht bei jedem. Wenn Sie nach zwei Wochen merken, dass sich auf der Waage nichts mehr tut, dann können Sie auch wie gewohnt drei Mahlzeiten essen und den Fokus komplett auf Low Carb setzen.

**Was mache ich, wenn ich doch mal Heißhungerattacken habe?**
In unserer Ernährungsumwelt muss man das planen. Wer unterwegs spontan Hunger bekommt, ist in der Regel aufgeschmissen, da man allzu oft einfach auf Brötchen, Fettgebäck, Smoothies und Schokoriegel beschränkt ist. Ich habe im Auto immer ein paar Käsewürfel, Snack-Karotten oder kleine Tomaten dabei. Auch Nüsse sind absolut praktisch und gesund.

Aber die beiden wichtigsten und besten Low-Carb-Lebensmittel sind und bleiben Wasser und Tee – auch bei Heißhungerattacken. Denn oftmals verwechseln wir Hunger und

Durst. Im Zweifelsfall sollten wir immer erst ein Glas Wasser oder Tee trinken und schauen, ob der scheinbare Hunger immer noch da ist.

**Nehmen wir uns noch mal die 500 g Gemüse pro Tag vor, die Sie jedem für eine gesunde Ernährung empfehlen. Welche Tipps haben Sie für mehr Gemüse-Genuss im Alltag?**
Das ist viel einfacher, als man denkt. Oft kann man zum Beispiel den Gemüse-Anteil in Rezepten leicht erhöhen. Oder einfach grundsätzlich einen wechselnden Salat als Beilage einplanen. Das müssen nicht immer Blattsalate sein. Auch gegartes oder gegrilltes Gemüse lässt sich wie Salat oder Antipasti würzen und zum Mittag- oder Abendessen servieren. Und morgens belegt man sich die zweite Hälfte Vollkornbrot dann eben nicht mit Käse, sondern mit Tomate und Salatgurke.

**Wir haben gelernt: Low Carb ist vor allem deshalb ein so wichtiges Thema, weil im Alltag so viele High-Carb-Fallen auf uns warten. Was sind denn die drei fatalsten High-Carb-Lebensmittel, von denen man nicht glauben möchte, dass sie nur so vor Kohlenhydraten strotzen?**
Fertigprodukte sind am schlimmsten! Weil darin Zucker in seiner Reinform an den skurrilsten Stellen steckt. Selbst Fleisch wird damit abgeschmeckt! Und Fruchtsäfte sind ebenfalls stark kohlenhydrathaltig. Besser mixt man sich seine Säfte selbst und gibt Gemüse- statt Obstsäften den Vorzug, das macht schon mal ganz viel aus. Und unbedingt kleine Gläser verwenden – das ist immer ein guter Trick! Auf Platz drei landen die Saucen. Ob Ketchup, Cocktailsauce oder Honig-Senf-Sauce zum Fisch – hier gilt es, einen genauen Blick auf die Zutatenliste zu werfen.

# HIGH CARB VS. LOW CARB: WO VERSTECKEN SICH DIE KOHLENHYDRATE?

Nudeln, Brot, Reis, Kartoffeln, Fruchtsäfte, Cornflakes und Schokolade: Viele Lebensmittel, die wir täglich zu uns nehmen, sind regelrechte High-Carb-Bomben. Das heißt nicht, dass sie per se ungesund sind – aber es kommt auf die richtige Mischung an!

Heutzutage sitzen wir mehr, als dass wir uns sportlich betätigen, deshalb brauchen wir oft deutlich weniger Kohlenhydrate, als wir denken: »Niemand muss Angst haben, zu wenig Kohlenhydrate zu sich zu nehmen«, sagt der bekannte Ernährungsmediziner Dr. Matthias Riedl. Denn schon durch ein Müsli am Morgen, ein belegtes Brötchen in der Mittagspause und die Kohlenhydrate, die Fleisch-, Fisch- und Gemüsegerichte von Natur aus mitbringen, sind wir gut mit Kohlenhydraten versorgt.

Wer seinem Körper und Stoffwechsel etwas Gutes tun möchte, sollte Kohlenhydrate reduzieren. Das wird sich langfristig nicht nur positiv auf der Waage bemerkbar machen, es unterstützt vor allem auch das persönliche Wohlgefühl. Die Energie, die durch Kohlenhydrate zugeführt wird und sofort verfügbar ist, kommt dann dosiert und kann so auch direkt verbraucht werden.

In der Tabelle sind beliebten Lebensmitteln leckere und natürliche Low-Carb-Varianten gegenübergestellt. Es lohnt sich, immer wieder zu tauschen und beim Kochen kreativ zu werden. So wird man beispielsweise bei der Zoodle-Bolognese (siehe Rezept Seite 104) nichts vermissen und auch ein cremiges Selleriepüree steht klassischem Kartoffelstampf in nichts nach. Es geht einfach darum, über den Tellerrand zu schauen, mehr Gemüse und kohlenhydratarme Lebensmittel in den Speiseplan einzubauen und zu merken, wie lecker diese ausgewogene Ernährung sein kann.

Und wenn es dann doch mal zur Feier des Tages eine »richtige« Portion Pasta Bolognese oder Carbonara wird: kein Problem! Wichtig ist nur, im Alltag auf einen gesunden Mix zu achten und die Kohlenhydratzufuhr als »Stellschraube« für mehr Gesundheit im Alltag zu entdecken.

# High Carb vs. Low Carb: Clever tauschen

| HIGH CARB | | LOW CARB |
|---|---|---|
| **KARTOFFELPÜREE** | → | **Selleriepüree**, **Blumenkohlpüree** oder **Topinambur-Stampf:** Das Gemüse mit etwas Milch und Salz weich garen, pürieren und nach Belieben mit etwas Sahne abschmecken. |
| **KARTOFFELPOMMES** | → | **Gemüsepommes** aus **Pastinaken**, **Petersilienwurzeln**, **Karotten**, **Topinambur** oder **Rote Beten:** In Stifte schneiden, trocken tupfen und mit etwas Salz und Öl vermengt im Ofen knusprig backen. Mit Gewürzen abschmecken. |
| **WEISSBROT & BAGUETTE** | → | Selbst gebackene **Nuss**- und **Saatenbrote** (siehe Rezepte Seite 34 und Seite 50), **Vollkornbrot** mit ganzen Körnern |
| **PASTA** | → | **Gemüsenudeln** aus **Karotten**, **Zucchini**, **Steckrüben**, **Salatgurken** oder **Kohlrabi**. Je nach Gemüse schmecken sie roh, gekocht oder gedünstet klasse. Praktisch: Durch die dünne Spaghetti-Form sind Zucchini-Nudeln in 2 Minuten gar, Kohlrabi-Nudeln brauchen etwas länger (siehe auch Seite 140). |
| **FRUCHTJOGHURT** | → | **Naturjoghurt**, wahlweise pur oder mit kohlenhydratarmen Beeren. Wer sich zwei bis drei Wochen konsequent an weniger Süße gewöhnt, kommt langfristig mit deutlich weniger Zucker und Süßkraft aus. Alles eine Sache der Gewohnheit! |
| **GEBRANNTE MANDELN** | → | Verschiedene geröstete **Nüsse**, **Kerne** und **Saaten** (zum Beispiel Granola, siehe Rezept Seite 26) |
| **BULGUR ODER COUSCOUS** | → | **Hülsenfrüchte**, wie **Linsen** oder **Kichererbsen**. Sie lassen den Blutzuckerspiegel deutlich langsamer ansteigen. |
| **REIS** | → | **Blumenkohlreis**: Blumenkohlröschen samt Strunk in die Küchenmaschine geben, auf mittlerer Stufe grob zerkleinern. Kurz braten oder dünsten und dann wie Reis als Beilage oder auch als Hauptdarsteller für ein »Reis«-Gericht verwenden (siehe Rezept Seite 108). |
| **FRUCHTSÄFTE** | → | **Gemüsesaft-Schorlen**, **Sparkling Tea**, **Infused Water** (siehe auch das Kapitel »Clever trinken«, ab Seite 112) |
| **VOLLMILCHSCHOKOLADE** | → | **Zartbitterschokolade** mit mindestens 80 % Kakaoanteil |
| **FERTIGSAUCEN** (Ketchup, Honig-Senf-Sauce, Cocktailsauce) | → | **selbst gemachte Kräuter-Dips** auf **Joghurt-** oder **Schmand-Basis**, **Kräuter-** oder **Tomatenpesto**, **selbst gemachte Mayonnaise** ohne Zuckerzusatz |

# ÜBER DIE REZEPTE IN DIESEM BUCH

## Clever Carb bedeutet: bewusst kochen mit wenigen Kohlenhydraten. Kein knallhartes Abspeck-Programm, sondern eine Rezeptsammlung, die es möglich macht, eine gesunde Balance zu finden.

Dieses Buch kann zwar zum Abnehmen genutzt werden, ist aber in erster Linie ein Angebot, Low Carb als langfristige, gesunde Ernährungsform in den Alltag zu integrieren. Und dabei zieht sich das Motto »Genuss statt Verzicht« durch alle Rezepte. Bei den Frühstücks-, Lunch- oder Abendessenrezepten geht es also nicht nur ums Genießen, sondern auch um eine gesunde Balance.

Wer konsequent Low Carb lebt, auf Snacks zwischendurch verzichtet und auch bei Getränken auf Wasser, Tee und Gemüse-Schorlen setzt, sollte rasch merken, dass die Pfunde purzeln. Erst recht, wenn Low Carb in Verbindung mit Intervallfasten gelebt wird. Mehr zu den Abnehm-Möglichkeiten mit Low Carb erklärt Ernährungsmediziner Dr. Matthias Riedl im Interview (ab Seite 12).

Für mich als Autorin lag bei der Rezeptentwicklung das Hauptaugenmerk allerdings auf einer gesunden und bewussten Küche, die stets vom Gemüse aus gedacht ist und raffinierte Zutaten-Kombinationen, Garmethoden und Texturen beinhaltet: Essen, das Spaß macht und guttut – das ist das beste Rezept für eine Ernährungsform, an die man sich lange halten möchte.

Alle Rezepte sind für vier Personen berechnet und so konzipiert, dass sie alltagstauglich sind. Die Rezepte aus dem Lunch-Kapitel können problemlos auch zum Abendessen zubereitet werden und umgekehrt. Wie Ernährungsmediziner Dr. Riedl im Interview erklärt, gibt es laut aktuellem Forschungsstand keine Anhaltspunkte, dass Essen zu verschiedenen Tageszeiten mehr oder weniger gesund sein könnte. Wenn Sie also am Abend Lust auf Zoodle-Bolognese haben, die sich im Lunch-Kapitel befindet, dann spricht nichts dagegen, sie auch am Abend zuzubereiten.

## KEINE VERBOTE

Streichen Sie die Worte »Verbot« und »Diät« aus Ihrem Ernährungswortschatz. Essen ist Genuss, für manchen vielleicht sogar Hobby. Und das ist gut so. Wichtig ist die richtige und bewusst gelebte Balance, zu der dieses Buch verhelfen soll. Sowohl für Menschen mit Übergewicht, die ihre Ernährung und ihren Gesundheitszustand optimieren möchten, als auch für normalgewichtige, durchtrainierte Menschen, die sich einfach etwas mehr Ausgeglichenheit und Power für den Alltag wünschen.

Alle Rezeptzutaten sollten problemlos im Supermarkt, auf dem Wochenmarkt und im Asialaden erhältlich sein. Frische Kräuter, wie Petersilie, Dill und Koriander, aber auch Bio-Zitronen, von denen Saft und abgeriebene Schale gern zum Abschmecken verwendet werden, kommen oft vor. Grundsätzlich sollten Speisen kurz vor dem Servieren noch einmal abgeschmeckt und gegebenenfalls nachgewürzt werden.

Neben Salz oder Pfeffer kann auch von den jeweiligen anderen Würzzutaten mehr verwendet werden: Falls Säure fehlt, hilft ein Spritzer Zitronensaft oder Essig, Chilischote oder -flocken bringen Extra-Schärfe und Kräuter spannende Aromen.

Wichtig: Lesen Sie immer erst das ganze Rezept durch, bevor Sie einkaufen gehen und in der Küche loslegen. Sicher fällt Ihnen auch selbst noch ein, wie das Gericht durch eigene Ideen oder noch vorhandene Zutaten ergänzt und variiert werden kann. Dann fängt das an, was beim Kochen besonders viel Freude macht: der kreative Prozess, der jedes Mal wieder neue köstliche Ergebnisse hervorbringt!

F

Ü

H

C

Die Gemüsegärtner
Johannisbeeren
250g
Stk
3,95 €
1267
Die Gemüsegärtner
250g Stachelbeeren
Stk
4,40 €
regional
Bioland

R

S

T

K

# KNUSPER-NUSS-GRANOLA

**Ergibt 750 g**

**300 g Sonnenblumenkerne**

**150 g Walnusskerne**

**100 g Kürbiskerne**

**150 g Paranüsse (oder Cashewkerne)**

**50 g Leinsamen**

**½ TL Puderzucker (nach Belieben)**

**10 Min**

**Nährwerte pro 40-g-Portion:**
**Kcal 236 | E 9 g | F 6 g | KH 18 g**

- Sonnenblumenkerne, Walnusskerne, Kürbiskerne und Paranüsse nach Belieben grob hacken oder ganz lassen, dann in einer großen Schüssel mit den Leinsamen vermengen. Eine große Pfanne ohne Fett leicht erhitzen. Wer nur eine kleine Pfanne hat, röstet die Nussmischung in zwei Portionen hintereinander.

- Die Nussmischung in die Pfanne geben und bei mittlerer Hitze unter ständigem Rühren 2–3 Minuten rösten, bis sie duftet und leicht Farbe annimmt. Es empfiehlt sich, die Kerne nur bei mittlerer Hitze zu rösten, so werden sie nicht zu dunkel und behalten ihren Eigengeschmack.

- Die Hitze anschließend weiter reduzieren und nach Belieben den Puderzucker über die Nussmischung stäuben: Der Zucker zieht wie ein dünner Mantel um die Kerne und hinterlässt einen minimalen Karamell-Effekt.

- Die Nussmischung bis zur gewünschten Bräunung rösten, dabei immer wieder vermengen oder die Pfanne in Bewegung halten. Die Kerne anschließend aus der Pfanne nehmen und vollständig auskühlen lassen. In einem Vorratsglas aufbewahren.

- Das knusprige Granola kann pur mit Joghurt und Früchten serviert werden. Oder man verfeinert es mit Gewürzen und verwendet es als Topping für Stullen, Salate oder andere Gerichte.

TIPP

**Dieses Rezept lässt sich nach Herzenslust variieren: zum Beispiel mit Mandelkernen, Haselnusskernen oder Kokoschips. Letztere nehmen sehr schnell Farbe an und sollten daher nur in einer warmen Pfanne neben dem Herd geröstet werden.**

# BLUEBERRY-OVERNIGHT-SEEDS

**Für 4 Personen**

**FÜR DIE OVERNIGHT-SEEDS**

**250 g Heidelbeeren (TK), aufgetaut und abgetropft**

**300 g Joghurt**

**20 g Chiasamen**

**30 g Leinsamen**

**ZUM ANRICHTEN**

**250 g Heidelbeeren (TK), aufgetaut mit Saft**

**200 g Joghurt**

**50 g Walnusskerne**

**einige frische Heidelbeeren (nach Belieben)**

**10 Min + 4 h Kühlzeit**

**Nährwerte pro Portion:**
**Kcal 296 | E 10 g | F 18 g | KH 15 g**

- Am Vorabend die Overnight-Seeds ansetzen: Dazu die aufgetauten Heidelbeeren mit dem Joghurt verrühren und die Chiasamen und Leinsamen unterrühren. Die Mischung in einem verschlossenen Gefäß über Nacht (mindestens 4 Stunden) im Kühlschrank quellen lassen.
- Am nächsten Morgen die Mischung aus dem Kühlschrank nehmen und locker durchmengen. Jeweils eine Schicht Overnight-Seeds auf vier Gläser verteilen. Nun jeweils 1–2 EL Heidelbeeren mit etwas Saft daraufgeben und danach mit 1–2 EL Joghurt bedecken.
- Wieder Overnight-Seeds in die Gläser geben und mit den restlichen Heidelbeeren und dem restlichen Joghurt bedecken, dann mit Overnight-Seeds abschließen.
- Die Walnusskerne grob hacken und in einer Pfanne ohne Fett bei mittlerer Hitze unter Rühren rösten, bis sie duften. Anschließend aus der Pfanne nehmen und abkühlen lassen. Nach Belieben einige frische Heidelbeeren waschen, abtropfen lassen und mit den Nüssen auf den Blueberry-Overnight-Seeds anrichten.

**TIPP**

**Wer mag, schichtet noch 5–6 Blätter fein gehackte Minze mit den Heidelbeeren in die Gläser. Das schmeckt herrlich erfrischend an heißen Sommertagen!**

# PFIRSICH-KOKOS-QUARKCREME MIT SOMMERFRÜCHTEN

**Für 4 Personen**

**FÜR DIE PFIRSICH-KOKOS-QUARKCREME**

**3 Pfirsiche**

**350 g Quark**

**3 EL Kokosmilch**

**abgeriebene Schale und Saft von ½ Bio-Zitrone**

**ZUM ANRICHTEN**

**4 EL Kokoschips**

**8 Erdbeeren**

**2 Pfirsiche**

**15 Min**

**Nährwerte pro Portion:**
**Kcal 220 | E 13 g | F 9 g | KH 18 g**

- Für die Pfirsich-Kokos-Quarkcreme die Pfirsiche waschen, trocken tupfen, halbieren und entsteinen. Das Fruchtfleisch in ein hohes Gefäß geben und mit Quark, Kokosmilch, Zitronenschale und -saft mit dem Stabmixer glatt pürieren. Die Quarkcreme auf vier Schälchen verteilen und nach Belieben bis zum Anrichten kühl stellen.

- Eine Pfanne ohne Fett bei mittlerer Hitze erwärmen. Dann vom Herd nehmen und die Kokoschips in der Restwärme der Pfanne anrösten, bis sie leicht Farbe annehmen.

- Die Erdbeeren und die Pfirsiche waschen und trocken tupfen. Die Erdbeeren putzen, die Pfirsiche halbieren und entsteinen. Die Früchte in mundgerechte Stücke schneiden und mit den frisch gerösteten Kokoschips auf der Quarkcreme anrichten.

TIPP

**Wer es besonders frisch mag, gibt in die Quarkcreme noch 4–5 fein gehackte Minzblätter. Sie sorgen für ein kühles und dadurch erfrischendes Gefühl im Mund. Und wem noch etwas Crunch fehlt, der gibt 2–3 EL selbst gemachtes Granola (siehe Rezept Seite 26) auf die Quarkcreme.**

# LOW-CARB-MÜSLI? DAS FUNKTIONIERT!

Wer sich die Zutatenliste und Nährwertangaben auf Fertigmüsli-Packungen ansieht, wird Augen machen: Oft bestehen die Mischungen zu zwei Dritteln aus Kohlenhydraten, diese oft vor allem aus zugesetztem Zucker. Ein gesunder Start in den Tag sieht anders aus!

①

## DER SCHLÜSSEL: SELBST MACHEN

Das Geheimnis für einen gesünderen Start in den Tag liegt tatsächlich im Selbermachen des Müslis. Denn aus Nüssen, Kernen und Saaten lassen sich tolle Nuss-Müslis oder geröstetes Granola (siehe Rezept Seite 26) mixen, die sogar auf Vorrat zubereitet werden können. So machen sie am Morgen nicht einen Handschlag mehr Arbeit als das Fertigmüsli. Nüsse und Saaten sind zudem außerordentlich wertvolle Lebensmittel im Rahmen einer Low-Carb-Ernährung: Sie liefern viel hochwertiges Fett, wenige, aber gesunde Kohlenhydrate und pflanzliches Eiweiß. Außerdem perfekt: Ein Nuss-Müsli hält locker bis zum Mittagessen satt.

②

## DIE JOGHURT-FALLE

Das Müsli selbst ist allerdings nicht die einzige High-Carb-Quelle beim Müsli-Frühstück: Wer neben den crunchigen Cerealien sonst gern zu süßem Fruchtjoghurt greift, hat noch weitere Möglichkeiten, sein Frühstück zu optimieren: Besser ist Naturjoghurt oder Quark, gerne durch den fruchteigenen Zucker von Beeren oder kleinen Mengen Pfirsichen, Nektarinen, Trauben oder Äpfeln gesüßt. Natürlich liefert auch Obst ordentlich Kohlenhydrate – doch wenn wir bei Müsli und Joghurt schon reduzieren, ist ein bisschen Fruchtsüße absolut im Rahmen. Es geht schließlich nicht um No Carb, sondern um Low Carb.

### 3

### OBST IN KLEINEN MENGEN

Besonders Beeren sind kohlenhydratarm. Bananen, die vor allem in sehr reifem Zustand eine besonders starke Süßkraft haben, schlagen stärker auf dem Kohlenhydrat-Konto zu Buche. Das heißt aber nicht, dass nie Bananen ins Müsli dürfen: Einfach die Mengen im Auge behalten und für Ausgleich sorgen. Eine halbe reife Banane kann 150–200g Joghurt oder Quark übrigens perfekt süßen. Einfach zusammen pürieren und mit Zitronenschale und -saft abschmecken, fertig!

### 4

### SÜSSE REDUZIEREN

Das Thema Süße ist entscheidend beim Frühstücksmüsli: Wer bislang gezuckerten Fruchtjoghurt mit fertigem Knusper-Müsli gegessen hat, wird sich womöglich einige Wochen umgewöhnen müssen. Doch durchhalten lohnt sich: Denn der Gaumen stellt sich sukzessive auf die verminderte Süße ein und vermisst irgendwann nichts mehr. Im Gegenteil: Dann erscheint der Fruchtjoghurt irgendwann irre süß – und man möchte sich am liebsten noch Naturjoghurt unterrühren, damit es genießbar wird.

### 5

### GRANOLA ABWANDELN

Das Rezept für Knusper-Granola auf Seite 26 lässt sich ganz nach Geschmack variieren: Walnusskerne, Haselnusskerne, Cashewkerne, Sonnenblumenkerne, Leinsamen, Paranüsse, Macadamianüsse – alle passen perfekt in eine große Mischung, lassen sich aber auch einzeln oder paarweise gut kombinieren. Wer mag, kann sie nach dem Anrösten mit einem Hauch Puderzucker karamellisieren. Die Menge ist überschaubar, der Effekt aber enorm. Ebenso reizvoll: Für pikante Gerichte je nach Rezept das Granola oder nur einzelne Nusssorten nach dem Anrösten mit Gewürzen wie Currypulver, Ras el-Hanout oder geräuchertem Paprikapulver verfeinern.

# CURRY-KAROTTEN-BROT MIT KÜRBISKERNEN

**Ergibt 20 Scheiben**

**200 g Karotten, geschält gewogen**

**150 g Sonnenblumenkerne**

**50 g Kürbiskerne**

**100 g Leinsamen**

**150 g zarte Haferflocken**

**2 EL Chiasamen**

**5 EL Flohsamenschalen (erhältlich im Bioladen, Reformhaus oder in der Drogerie)**

**1 TL Currypulver**

**1½ TL Salz**

**3 EL flüssiges (also warmes) Kokosöl**

**◷ 20 Min + 8 h Ruhezeit + 1 h Backzeit**

**Nährwerte pro Scheibe:**
**Kcal 128 | E 5 g | F 7 g | KH 8 g**

- Die Karotten fein raspeln und in eine große Schüssel geben. Die Sonnenblumenkerne und Kürbiskerne in einer Pfanne bei mittlerer Hitze ohne Fett unter Rühren rösten, bis sie duften. Auf einen Teller geben und etwa 5 Minuten abkühlen lassen. Zu den Karotten geben.

- Leinsamen mit Haferflocken, Chiasamen, Flohsamenschalen, Currypulver, Salz, 375 ml Wasser und dem Kokosöl zum Karotten-Mix geben. Alles sehr gründlich mit einem Löffel vermengen und den Körnerteig in eine mit Backpapier ausgelegte Kastenform (30 cm lang) füllen und fest mit einem Löffel andrücken. Die Kastenform mit Frischhaltefolie abdecken und den Teig über Nacht im Kühlschrank fest werden lassen.

- Den Backofen auf 165 °C (Umluft) vorheizen. Die Frischhaltefolie entfernen und das Brot 25 Minuten backen. Danach auf den mit Backpapier belegten Rost stürzen und darauf weitere 35 Minuten backen. Herausnehmen und das Brot ganz auskühlen lassen, am besten über Nacht.

# GRÜNE STULLE MIT ERBSEN-MINZ-CREME

**Für 4 Personen**

**FÜR DIE ERBSEN-MINZ-CREME**

**300 g Erbsen (TK)**

**Salz**

**1 Stängel Minze**

**150 g Frischkäse**

**abgeriebene Schale von ½ Bio-Zitrone**

**2 EL Olivenöl**

**frisch gemahlener schwarzer Pfeffer**

**ZUM ANRICHTEN**

**8 kleine Scheiben Vollkornbrot (z. B. Curry-Karotten-Brot, siehe Rezept Seite 34)**

**2 Stängel Minze**

**2 EL Gartenkresse**

**1 EL Olivenöl**

**einige frische Erbsen (nach Belieben)**

**15 Min + 45 Min Abkühlzeit**

**Nährwerte pro Portion:**
**Kcal 471 | E 19 g | F 28 g | KH 27 g**

- Die Erbsen mit 50 ml Wasser und ½ TL Salz in einen Topf geben und zugedeckt bei mittlerer Hitze etwa 8 Minuten garen. Dann in ein Sieb abgießen, abtropfen lassen und in ein hohes Gefäß geben. Mit dem Stabmixer grob pürieren, sodass noch Stückchen erkennbar sind. Dann die Erbsen-Creme 45–60 Minuten abkühlen lassen.

- Die Minze waschen, trocken schütteln und die Blätter abzupfen und fein hacken. Die Erbsencreme mit Frischkäse, Zitronenschale, Minze und Öl verrühren, mit Salz und Pfeffer abschmecken.

- Die Brotscheiben mit der Erbsen-Minz-Creme bestreichen. Die Minze waschen, trocken schütteln und die Blätter abzupfen Mit Kresse und Öl auf den Stullen verteilen. Nach Belieben mit frischen Erbsen garniert servieren.

**TIPP**

**Dazu schmeckt geräucherter oder luftgetrockneter Schinken. Die Erbsen-Creme kann übrigens prima auf Vorrat zubereitet werden, sie hält sich gut 2–3 Tage im Kühlschrank.**

# KÜRBISSTULLE

**Für 4 Personen**

**FÜR DEN KÜRBIS-CURRY-FRISCHKÄSE**

**200 g Hokkaido-Kürbis (geputzt gewogen)**

**Salz**

**200 g Frischkäse**

**1 Msp. Currypulver, plus mehr zum Bestäuben**

**abgeriebene Schale und Saft von ½ Bio-Zitrone**

**frisch gemahlener schwarzer Pfeffer**

**ZUM ANRICHTEN**

**40 g Kürbiskerne**

**8 kleine Scheiben Vollkornbrot (z. B. Curry-Karotten-Brot, siehe Rezept Seite 34)**

**2 TL Kürbiskernöl**

**4 TL Gartenkresse**

**15 Min + 20 Min Garzeit + 45 Min Abkühlzeit**

**Nährwerte pro Portion:**
**Kcal 534 | E 20 g | F 36 g | KH 25 g**

- Den Kürbis würfeln und mit 50 ml Wasser sowie ¼ TL Salz in einem Topf zugedeckt bei mittlerer Hitze etwa 20 Minuten garen. Dann das Wasser abgießen und den Kürbis mit dem Stabmixer fein pürieren. Das Püree 45–60 Minuten abkühlen lassen.

- Das Kürbispüree mit Frischkäse, Currypulver, Zitronenschale und -saft verrühren, dann mit Salz und Pfeffer abschmecken.

- Die Kürbiskerne in einer Pfanne ohne Fett bei mittlerer Hitze unter Rühren rösten, bis sie duften. Auf einen Teller geben und etwa 5 Minuten abkühlen lassen.

- Die Brotscheiben üppig mit dem Kürbis-Curry-Frischkäse bestreichen und mit dem Öl beträufeln. Die gerösteten Kürbiskerne darauf verteilen und alles mit Currypulver bestäuben. Zum Schluss die Kresse darauf anrichten.

TIPP

**Der Kürbis-Frischkäse kann gut auf Vorrat zubereitet werden, er hält sich 2–3 Tage im Kühlschrank.**

# SCHNELLES OFEN-OMELETT MIT TOMATEN UND FETA

**Für 4 Personen (2 Päckchen)**

**500 g kleine Kirschtomaten**
**1 Bund Frühlingszwiebeln**
**1 Knoblauchzehe**
**½ Bund Koriandergrün**
**½ Bund Petersilie**
**Salz**
**frisch gemahlener schwarzer Pfeffer**
**10 Eier (Größe M)**
**250 g Feta**
**Würzsalz (nach Belieben, z. B. mit schwarzem Sesam)**

**◷ 30 Min + 25 Min Backzeit**

**Nährwerte pro Portion:**
**Kcal 390 | E 26 g | F 27 g | KH 7 g**

- Den Backofen auf 160 °C (Umluft) vorheizen. Zwei Bögen Backpapier zu Päckchen formen. Dazu die Bögen jeweils längs zusammenklappen und die Enden an den kurzen Seiten wie ein Bonbon eindrehen. Die Päckchen auf ein mit Backpapier belegtes Backblech setzen.

- Die Tomaten waschen und halbieren. Die Frühlingszwiebeln putzen, waschen und in dünne Ringe schneiden. Beides in einer großen Schüssel vermengen. Die Knoblauchzehe abziehen, durch die Presse drücken und dazugeben. Koriander und Petersilie waschen, trocken schütteln, die Blätter abzupfen und fein hacken. Ebenfalls mit in die Schüssel geben. Alles kräftig mit Salz und Pfeffer abschmecken.

- Die Eier in einer separaten Schüssel verquirlen und unter die Tomaten-Kräuter-Mischung ziehen. 150 g Feta grob zerbröseln, dazugeben und die Masse auf die beiden Backpapier-Päckchen verteilen. Die Omeletts im Ofen 25–30 Minuten backen, danach 5 Minuten ruhen lassen. Den restlichen Feta (100 g) grob zerbröseln und auf den Omeletts verteilen, alles nach Belieben mit Würzsalz bestreut servieren.

TIPP

**Die Omelett-Masse kann man ganz nach Geschmack variieren: So eignen sich auch kleine Zucchini- oder Schinkenwürfel, andere Käsesorten oder Kräuter wie Dill, Schnittlauch und Minze sehr gut dafür.**

# MINI-SPARGEL-OMELETTS MIT PARMESAN

**Für 4 Personen**

**FÜR DIE OMELETTS**

**1 Schalotte**

**6 Stangen grüner Spargel**

**2 EL Olivenöl, plus mehr für die Förmchen**

**Salz**

**frisch gemahlener schwarzer Pfeffer**

**6 Eier**

**60 g Parmesan**

**3 EL Milch**

**ZUM ANRICHTEN**

**2 EL frisch gehobelter Parmesan**

**Würzsalz mit schwarzem Sesam (nach Belieben)**

**Gartenkresse (nach Belieben)**

**⏲ 20 Min + 20 Min Garzeit**

**Nährwerte pro Portion:**
**Kcal 268 | E 16 g | F 21 g | KH 2 g**

- Den Backofen auf 160 °C (Umluft) vorheizen. Die Schalotte abziehen und fein würfeln. Den Spargel waschen, im unteren Drittel schälen und die holzigen Enden abschneiden. Die Spargelstangen in etwa 1 cm lange Stücke schneiden.

- Das Öl in einer Pfanne erhitzen. Die Schalottenwürfel darin bei mittlerer Hitze 2–3 Minuten anschwitzen. Die Spargelstücke zugeben und alles weitere 2–3 Minuten garen. Die Pfanne vom Herd nehmen und den Spargel mit Salz und Pfeffer würzen. Etwas abkühlen lassen.

- Die Eier in einer Schüssel gut verquirlen. Den Parmesan reiben und mit der Milch zu den Eiern geben. Spargel und Zwiebel zufügen und alles leicht mit Salz würzen. Vier ofenfeste Förmchen (⌀ etwa 8 cm) mit etwas Öl einfetten und die Spargel-Eier-Masse darauf verteilen.

- Die Förmchen im Ofen 16–20 Minuten backen. Herausnehmen und 3–5 Minuten ruhen lassen. Die Omeletts mit dem gehobelten Parmesan sowie nach Belieben mit Würzsalz oder Kresse bestreut servieren.

# FRÜHSTÜCKS-BOWL

**Für 4 Personen**

**FÜR DEN TOMATENSALAT**

**1 TL Sonnenblumenöl**

**100 g geräucherte Schinkenwürfel**

**500 g bunte Kirschtomaten**

**Salz**

**frisch gemahlener schwarzer Pfeffer**

**FÜR DIE DILL-GÜRKCHEN**

**1 große Salatgurke**

**abgeriebene Schale und Saft von ½ Bio-Zitrone**

**3 EL Olivenöl**

**½ Bund Dill**

**FÜR DEN HÜTTENKÄSE**

**500 g Hüttenkäse**

**abgeriebene Schale und Saft von ½ Bio-Zitrone**

**2 EL Olivenöl**

**2 EL Gartenkresse**

**FÜR DAS GRANOLA**

**100 g Granola (siehe Rezept Seite 26)**

**1 TL Sonnenblumenöl**

**¼ TL geräuchertes Paprikapulver**

**30 Min**

**Nährwerte pro Portion:**
**Kcal 492 | E 31 g | F 32 g | KH 14 g**

- Für den Tomatensalat das Öl in einer Pfanne erhitzen. Die Schinkenwürfel darin bei mittlerer Hitze 2–3 Minuten anbraten. Die Pfanne vom Herd nehmen. Die Tomaten waschen, vierteln, mit den Schinkenwürfeln vermengen und die Mischung mit Salz und Pfeffer abschmecken.

- Für die Dill-Gürkchen die Gurke waschen, trocken tupfen und fein würfeln. Mit Zitronenschale und -saft sowie dem Öl vermengen. Den Dill waschen, trocken schütteln, die Fähnchen abzupfen und fein hacken. Zu den Gurken geben und alles mit Salz und Pfeffer abschmecken.

- Den Hüttenkäse mit Zitronenschale und -saft sowie dem Öl verrühren. Mit Salz und Pfeffer abschmecken.

- Das Granola in eine Pfanne geben und mit Öl, 1 Prise Salz sowie Paprikapulver gut vermengen. Dann langsam bei mittlerer Hitze unter Rühren nachrösten, bis es duftet.

- Tomaten, Gurken und Hüttenkäse auf vier Schalen verteilen und dabei jeweils separat voneinander anrichten. Das Paprika-Granola in der Mitte der Bowls anrichten und die Kresse auf den Hüttenkäse geben.

# LOW-CARB-BRUNCH AM WOCHENENDE

Im Alltag geht das Frühstück oft schnell: Ein Vollkornbrot mit Käse, Joghurt mit Granola, vielleicht sogar ein Ei mit Avocado und Tomate – für mehr ist selten Zeit. Am Wochenende darf es aber gern üppiger ausfallen und als ausgiebiger Brunch das Mittagessen ersetzen.

1

## EIERSPEISEN IN GROSS UND KLEIN

Die Low-Carb-Küche bietet vor allem für pikante Frühstücks- und Brunchideen jede Menge Möglichkeiten. Die komplette Bandbreite der warmen Eierspeisen lässt sich toll für ein ausgedehntes, gemütliches Wochenend-Frühstück zubereiten: Angefangen beim gekochten Ei über Omelett und Spiegelei bis hin zum pochierten Ei. Übrigens lassen sich Eierspeisen auch in kleinen Portionen ausgezeichnet fürs Büfett zubereiten. Eine Omelettmasse aus Eiern, Milch, Gewürzen, Gemüse und Käse in eine Muffinform oder ofenfeste Förmchen füllen, im Ofen backen – und am besten noch warm mit etwas Kräuterfrischkäse servieren. Ein köstliches Beispiel sind die Mini-Spargel-Omeletts (siehe Rezept Seite 42).

Für etwas größere Portionen lassen sich auch hervorragend Backpapier-Päckchen verwenden, die auf dem Büfett oder Tisch zudem ein Augenschmaus sind: Einfach Eier verquirlen, kräftig würzen, fein geschnittenes Gemüse wie Tomaten und Zucchini sowie einige Frühlingszwiebelringe unterheben und die Masse in den Backpapier-Päckchen im Ofen backen. Das schnelle Ofen-Omelett mit Tomate und Feta (siehe Rezept Seite 41) zeigt aufs Beste, wie's geht.

## 2 IMMER WIEDER NEUES

Abgesehen von Eierspeisen gibt es für einen Low-Carb-Brunch noch mehr Auswahl: Das Frühstücks-Tiramisu mit geräuchertem Paprika-Granola (siehe Rezept Seite 55) sowie auch der Low-Carb-Frühstücksburger mit Schinken-Chips und Erbsen-Creme (siehe Rezept Seite 52) zeigen, wie einfach sich bekannte und einfache Zutaten mit wenigen Handgriffen in raffinierte Frühstücksrezepte verwandeln lassen.

Gerade beim späten Frühstück beziehungsweise Brunch kann man schon gut in Richtung Mittagessen denken. Dort bietet die Low-Carb-Küche durch den großen Salat-, Gemüse- und Kräuteranteil eine große Auswahl. Er lässt sich mit Milchprodukten, Käse, Wurst (wie dem Weißwurst-Frühstück mit Senf-Dip und Krautsalat, siehe Rezept Seite 56), Fisch oder Eierspeisen gut kombinieren.

## 3 GEWUSST WELCHES: BROT UND MÜSLI

Tatsächlich sind Weißbrot und fertiges Knusper-Müsli die größten High-Carb-Fallen auf dem Frühstücksbüfett. Deshalb setzt man lieber gleich auf Vollkornbrot oder – noch besser – selbst gebackenes Nuss- und Saatenbrot (siehe Rezepte Seite 34 und 50). Auch auf Müsli muss nicht gänzlich verzichtet werden: Statt der oft mit Zucker versetzten Fertigmischungen aus dem Supermarkt röstet man sich seine Lieblingsnüsse und -kerne lieber einfach selbst an. Der angenehme Nebeneffekt: So weiß man genau, was drin ist, und es duftet auch noch verführerisch in der Küche!

# GUACAMOLE MIT WACHSWEICHEM EI UND CURRY-GRANOLA

**Für 4 Personen**

**FÜR DIE GUACAMOLE**

**4 große oder 8 kleine Hass-Avocados**

**abgeriebene Schale und Saft von ½ Bio-Zitrone**

**Salz**

**frisch gemahlener schwarzer Pfeffer**

**1 EL Olivenöl**

**FÜR DAS CURRY-GRANOLA**

**80 g Granola (siehe Rezept Seite 26)**

**1 TL Sonnenblumenöl**

**1 Prise Salz**

**¼ TL Currypulver**

**ZUM ANRICHTEN**

**8 Scheiben Serranoschinken oder anderer luftgetrockneter Schinken**

**4 Eier (Größe M)**

**Salz**

**20 Min**

**Nährwerte pro Portion:**
**Kcal 580 | E 22 g | F 46 g | KH 11 g**

- Für die Guacamole die Avocados halbieren, den Kern entfernen und das Fruchtfleisch mit einem Löffel aus der Schale lösen. Das Fruchtfleisch auf einem Teller mit einer Gabel fein zerdrücken und sofort mit Zitronenschale und -saft vermengen. Mit Salz, Pfeffer und Öl abschmecken.

- Den Backofen auf 160 °C (Umluft) vorheizen. Das Granola in eine Pfanne geben und mit Öl, Salz sowie Currypulver gut vermengen. Dann langsam bei mittlerer Hitze unter Rühren nachrösten, bis es duftet. Anschließend aus der Pfanne nehmen.

- Die Schinkenscheiben auf einem mit Backpapier belegten Backblech ausbreiten und im Ofen 6–8 Minuten rösten. Herausnehmen und abkühlen lassen. Inzwischen die Eier in kochendem Wasser etwa 6 Minuten garen. Danach abschrecken und pellen.

- Die Guacamole auf vier Schälchen verteilen. Die Eier mittig aufsetzen, halbieren und mit etwas Salz bestreuen. Das Curry-Granola rundherum verteilen. Die Schinken-Chips grob zerbröseln und darauf anrichten.

**TIPP**

**Wer es morgens bereits würziger mag, kann auch eine hauchfein gewürfelte Schalotte oder etwas frisch geriebenen Knoblauch mit in die Guacamole geben.**

# TOMATEN-OLIVEN-BROT MIT WALNUSSKERNEN

**Ergibt 20 Scheiben**

**150 g getrocknete Tomaten in Öl, abgetropft**

**50 g grüne Oliven**

**150 g Sonnenblumenkerne**

**50 g Walnusskerne**

**½ TL Fenchelsamen**

**100 g Leinsamen**

**150 g zarte Haferflocken**

**2 EL Chiasamen**

**5 EL Flohsamenschalen (erhältlich im Bioladen, Reformhaus oder in der Drogerie)**

**½ TL getrockneter Oregano**

**1 ½ TL Salz**

**3 EL flüssiges (also warmes) Kokosöl**

**⏲ 20 Min + 8 h Ruhezeit + 1 h Backzeit**

**Nährwerte pro Scheibe:**
**Kcal 140 | E 4 g | F 9 g | KH 8 g**

- Die Tomaten fein würfeln und die Oliven in feine Ringe schneiden. Sonnenblumenkerne, Walnusskerne und Fenchelsamen in einer Pfanne ohne Fett bei mittlerer Hitze unter Rühren rösten, bis sie duften. Auf einen Teller geben und etwa 5 Minuten abkühlen lassen. Mit den Tomaten und Oliven in einer großen Schüssel vermengen.

- Leinsamen, Haferflocken, Chiasamen, Flohsamenschalen, Oregano, Salz, 375 ml Wasser und das Kokosöl zugeben. Alles sehr gründlich mit einem Löffel vermengen und den Körnerteig in eine mit Backpapier ausgelegte Kastenform (30 cm lang) füllen, fest mit einem Löffel andrücken. Die Kastenform anschließend mit Frischhaltefolie abdecken und den Teig über Nacht im Kühlschrank fest werden lassen.

- Den Backofen auf 165 °C (Umluft) vorheizen. Die Frischhaltefolie entfernen und das Brot 25 Minuten backen. Danach auf den mit Backpapier belegten Rost stürzen und weitere 35 Minuten backen. Herausnehmen und das Brot ganz auskühlen lassen, am besten über Nacht.

# LOW-CARB-FRÜHSTÜCKSBURGER

**Für 4 Personen**

**4 Scheiben Serranoschinken oder anderer luftgetrockneter Schinken**

**8 kleine bis mittelgroße Scheiben Vollkornbrot (z. B. Tomaten-Oliven-Brot, siehe Rezept Seite 50 oder Curry-Karotten-Brot, siehe Rezept Seite 34)**

**8–10 geh. EL Erbsen-Minz-Creme (siehe Rezept Seite 37)**

**4 Kirschtomaten**

**Salz**

**frisch gemahlener schwarzer Pfeffer**

**80 g Feta**

**4 TL Gartenkresse**

**AUSSERDEM**

**4 kleine Holzspieße (nach Belieben)**

**15 Min**

**Nährwerte pro Portion:**
**Kcal 504 | E 21 g | F 33 g | KH 23 g**

- Den Backofen auf 160 °C (Umluft) vorheizen. Die Schinkenscheiben auf einem mit Backpapier belegten Backblech ausbreiten und im Ofen 6–8 Minuten rösten. Herausnehmen und kurz abkühlen lassen.
- Die Brotscheiben üppig mit der Erbsen-Minz-Creme bestreichen. Die Tomaten waschen und in dünne Scheiben schneiden. Auf vier Brotscheiben verteilen und mit Salz und Pfeffer würzen.
- Den Feta in vier dünne Scheiben schneiden und jeweils eine Scheibe auf die Tomaten legen. Die Schinken-Chips grob zerbröseln und mit der Kresse auf dem Feta verteilen.
- Die restlichen Brotscheiben mit der Erbsencreme nach unten auf die belegten Brotscheiben legen. Die Frühstücksburger auf vier Teller verteilen und nach Belieben jeweils mit einem kleinen Holzspieß feststecken.

TIPP

**Wer es morgens gern schon besonders würzig mag, kann auf die Fetascheiben jeweils noch 1 TL scharfe Paprikacreme (Ajvar) streichen.**

TIPP

**Das Tiramisu direkt servieren, sonst weichen die Nüsse zu sehr durch und verlieren ihren Crunch.**

# FRÜHSTÜCKS-TIRAMISU MIT GERÄUCHERTEM PAPRIKA-GRANOLA

**Für 4 Personen**

**FÜR DEN TOMATEN-PFIRSICH-SALAT**

**12 Kirschtomaten**

**2 Pfirsiche**

**½ Bund Koriandergrün**

**½ Bund Minze**

**2 EL Olivenöl**

**Salz**

**frisch gemahlener schwarzer Pfeffer**

**FÜR DIE DILL-GÜRKCHEN**

**1 Salatgurke**

**abgeriebene Schale und Saft von ½ Bio-Zitrone**

**3 EL Olivenöl**

**½ Bund Dill**

**FÜR DIE JOGHURT-CREME**

**500 g griechischer Joghurt**

**1 EL Olivenöl**

**abgeriebene Schale und Saft von ½ Bio-Zitrone**

**FÜR DAS GRANOLA**

**100 g Granola (siehe Rezept Seite 26)**

**1 TL Sonnenblumenöl**

**¼ TL geräuchertes Paprikapulver**

**30 Min**

**Nährwerte pro Portion:**
**Kcal 488 | E 11 g | F 40 g | KH 17 g**

- Für den Tomaten-Pfirsich-Salat die Tomaten und Pfirsiche waschen. Pfirsiche halbieren, entsteinen und mit den Tomaten würfeln. Koriander und Minze waschen, trocken schütteln, Blätter abzupfen und fein hacken. Alles mit dem Öl in einer Schüssel vermengen. Mit Salz und Pfeffer abschmecken.

- Für die Dill-Gürkchen die Gurke waschen, trocken tupfen und fein würfeln. Mit Zitronenschale, -saft und Öl vermengen. Den Dill waschen, trocken schütteln, die Fähnchen abzupfen und fein hacken. Zu den Gurken geben und alles mit Salz und Pfeffer abschmecken.

- Für die Joghurt-Creme den Joghurt mit Öl, Zitronenschale und -saft gründlich verrühren, mit Salz abschmecken.

- Das Granola in eine Pfanne geben und mit Öl, 1 Prise Salz sowie Paprikapulver gut vermengen. Dann langsam bei mittlerer Hitze unter Rühren nachrösten, bis es duftet.

- Den Tomaten-Pfirsich-Salat und die Dill-Gürkchen abwechselnd mit dem Zitronen-Joghurt und dem Granola auf vier Gläser verteilen, dabei mit Granola abschließen.

# WEISSWURST-FRÜHSTÜCK MIT SENF-DIP UND KRAUTSALAT

**Für 4 Personen**

**FÜR DEN SENF-DIP**

**40 g Senfsamen**

**200 ml Gemüsebrühe**

**100 g Frischkäse**

**150 g griechischer Joghurt**

**1 TL mittelscharfer Senf**

**Salz**

**1 TL Honig (nach Belieben)**

**FÜR DEN KRAUTSALAT**

**½ Weißkohl (etwa 600 g)**

**Salz**

**1 TL süßer Senf**

**1 TL mittelscharfer Senf**

**4 EL Olivenöl**

**5 Essiggurken (à 30 g)**

**1 kleiner Apfel**

**1 rote Zwiebel**

**abgeriebene Schale von 1 Bio-Zitrone**

**frisch gemahlener schwarzer Pfeffer**

**AUSSERDEM**

**8 Weißwürste**

**⏲ 30 Min**

**Nährwerte pro Portion:**
**Kcal 663 | E 22 g | F 52 g | KH 19 g**

- Für den Senf-Dip die Senfsamen mit der Brühe in einem Topf aufkochen und 3–5 Minuten bei mittlerer Hitze köcheln lassen. Dann in ein Sieb abgießen. Die Hälfte der Senfkörner für den Krautsalat beiseitestellen.

- Die restlichen Senfsamen mit Frischkäse, Joghurt und Senf verrühren. Mit Salz und nach Belieben mit Honig abschmecken.

- Für den Krautsalat den Kohl putzen, waschen, trocken tupfen und in feine Streifen schneiden. Einen großen Topf mit Wasser aufsetzen, das Wasser salzen und zum Kochen bringen. Das Kraut darin bei mittlerer Hitze in etwa 8 Minuten bissfest garen. Dann in ein Sieb abgießen und abtropfen lassen.

- Anschließend ½ TL Salz, beide Senfsorten und das Öl unter das Kraut kneten (am besten Küchenhandschuhe dabei tragen). Die Gurken fein würfeln. Den Apfel waschen, vierteln, entkernen und ebenfalls fein würfeln. Die Zwiebel abziehen und fein würfeln oder in Streifen schneiden. Alles unter das Kraut heben. Den Krautsalat mit Zitronenschale, Pfeffer, den beiseitegestellten Senfsamen und Salz abschmecken.

- Die Würste in siedendem (keinesfalls kochendem!) Wasser etwa 10 Minuten gar ziehen lassen. Anschließend herausnehmen und abtropfen lassen. Würste aus der Pelle drücken, in Scheiben schneiden und unter den Krautsalat heben. Mit dem Senf-Dip auf vier Schälchen verteilen, alles nach Belieben mit Pfeffer übermahlen.

TIPP

Der Weißwurst-Kraut-Salat kann zum Beispiel in kleinen Gläsern zum Brunch oder zum Frühstücksbüfett serviert werden!

# WARUM LOW CARB AUCH IN SPITZENKÜCHEN EIN THEMA IST

## Was?! Spitzenköche kochen Low Carb? Im Ernst?! Ja, tatsächlich wahr. Zwar denkt kein Koch an Diät und überflüssige Kilos, sehr wohl aber an den Wohlfühlfaktor der Gäste ...

K

Kalorien werden im Restaurant nicht gezählt. Da spielen Kohlenhydrate oder Fett zur Feier des Tages einfach mal keine Rolle. Sagt man so. Und oftmals stimmt das ja auch. Doch es gibt Ausnahmen. Denn in der Tat sind »Low Carb« und »leichte Küche« besonders in der Spitzengastronomie ein zentrales Thema.

Denn Restaurantbesuch ist nicht gleich Restaurantbesuch. Eine Mahlzeit im Wirtshaus um die Ecke sieht sowohl auf dem Teller als auch in der Ernährungsbilanz ganz anders aus als ein Abend im Fine-Dining-Restaurant: Auf der einen Seite sind da die Nudeln mit Gorgonzolasauce oder das Schnitzel nach Wiener Art mit Pommes. Im Spitzenrestaurant sind es hingegen viele kleine Gänge, die zusammen eine Mahlzeit ausmachen. Und tatsächlich wird man in der gehobenen Küche in den seltensten Fällen auf Reis, Kartoffeln, Nudeln, Pommes oder überhaupt auf Sättigungsbeilagen stoßen. Denn Spitzenküche wird ganz anders gedacht, ganz anders konzipiert und ganz anders auf den Teller gebracht: Schließlich soll der Gast nach sechs, acht oder gar zehn Gängen nicht »platzen«, sondern sich bestenfalls noch auf das Dessert freuen und danach wohlig-satt nach Hause gehen.

Genau deshalb verzichten viele Spitzenköche ganz bewusst auf besonders kohlenhydrathaltige Lebensmittel, sie möchten das Menü nicht unnötig schwer und üppig gestalten. Sicher: Spitzenküche ist keine Diätküche – soll sie auch nicht sein. Stattdessen geht es um eine leichte, angenehme Küche, die das Zusammenspiel von Geschmack, Aromen und Texturen in den Mittelpunkt stellt. Genuss statt Völlerei also!

Und das Schöne: Niemandem fehlt dabei etwas. Die Gänge sind so raffiniert und intelligent konzipiert, dass

sie auch ohne High-Carb-Bomben wie Nudeln, Reis, Brot, Kartoffeln, Pommes & Co. glücklich und satt machen. Die spannende Frage: Wie geht das? Wie denkt man seine Gerichte von vorneherein leicht und Low Carb?

Die wichtigste Antwort lautet: Gemüse. Kein Weg geht an Gemüse vorbei. Viele Spitzenköche starten für ihre Kreationen damit. Sie suchen sich ein, zwei oder manchmal auch drei Gemüsesorten aus, die gerade Saison haben, und gut zusammen passen und entwickeln um diese zentralen Elemente herum ihr Gericht.

Sicher, bei einigen ist auch gleich ein besonders gutes Stück Fleisch oder ein toller Fisch dabei, in den seltensten Fällen aber allein. Denn Gemüse ist heute nicht mehr »nur« Beilage, sondern spielt in der modernen Spitzenküche immer öfter die Hauptrolle auf dem Teller.

Wer lernen möchte, wie man zu Hause ganz natürlich und ohne Verzicht mehr Leichtigkeit in die Ernährung bringt, kann sich von den Spitzenköchen also etwas abschauen. Denn hier wird häufig genau das gelebt, was dieses Buch zeigen möchte: eine leichte und bewusste Küche, die Genuss nicht ausschließt. Ganz im Gegenteil: Genuss steht im Mittelpunkt. Und: Genuss und Balance sind untrennbar miteinander verbunden.

Die folgenden drei Interviews mit den Spitzenköchen Tim Raue, Nils Henkel und Sonja Baumann zeigen, wie bewusst das Thema leichte Küche in der Spitzengastronomie umgesetzt wird. Die Profis erzählen, wie sie an neue Gänge herangehen, wie sie neue Rezepte entwickeln und wie sie dafür sorgen, dass die Gäste am Ende angenehm satt und glücklich nach Hause gehen.

# TIM RAUE: NATÜRLICH LOW CARB

Seine Küche soll beleben, nicht erdrücken: Der Zwei-Sterne-Koch Tim Raue hat besonders kohlenhydrathaltige Lebensmittel schon vor zwölf Jahren aus seinem Gourmetrestaurant verbannt. Vor dem Menü gibt es statt Brot und Butter saisonale Kleinigkeiten.

**Es gibt wenige Kollegen, die Kohlenhydrate auf Ihren Speisekarten so konsequent vermeiden wie Sie. Was war der Auslöser, Brot, Nudeln, Reis, Kartoffeln & Co. zu streichen?**
Meine Küche ist inspiriert von chinesischen Aromen und Produkten. Und tatsächlich habe ich in der chinesischen Hochküche nie Beilagen gefunden. Die meisten Gerichte basieren auf der Verbindung von Gemüse, Gewürzen und einer Proteinkomponente. Ich habe mich mit Chefköchen, die diese Küche kochen, unterhalten und sie gefragt, was die Idee dahinter ist. Sie erzählten mir, dass man es in ihrer Kultur als Wohlstand betrachtet, sich an Fisch, Geflügel und Fleisch satt zu essen. Reis steht für Armut und gilt im Prinzip als Arme-Leute-Essen. Trotzdem gibt es in jeder chinesischen Küche in einem Menü ein Reisgericht. Man lässt es sich nur servieren, um wenige Löffel davon zu essen und dem Gastgeber damit zu suggerieren, dass man vorher schon von den tierischen Köstlichkeiten gesättigt wurde.

**Diese Inspiration haben Sie dann für Ihre Küche aufgegriffen?**
Ja, allerdings aus verschiedenen Gründen. In unser Restaurant *Tim Raue* kommt kein Gast, weil er Hunger hat, sondern weil er eine kulinarische Erfahrung machen möchte. Natürlich sollen die Gäste auch satt und zufrieden nach Hause gehen, aber das ist nach Snacks, Gängen und Pré-Dessert sowie Petit Fours auf jeden Fall gewährleistet. Ich habe diese Art zu kochen auch deswegen gewählt, weil es in den 90ern und 2000ern bei Besuchen in Sternerestaurants für mich oft so war, dass ich nach der Hälfte des Menüs schon völlig satt war, es gab einfach viel zu viel von allem. Mir ist es wichtig, dass die Gäste mit einem guten Bauchgefühl nach Hause gehen. Denn die Gänge sollen beleben,

TR

und man soll in der Lage sein, all die Aromen der Gerichte wahrzunehmen. Ein zu schweres Menü wirkt leider schnell erdrückend.

**Was empfehlen Sie den Leuten für die Hobbyküche zu Hause?**
Ich kann ehrlich gesagt niemandem ernsthaft empfehlen, auf Brot, Kartoffeln oder Getreide zu verzichten, da ich selbst den ganzen Tag Brot esse. Das wird allerdings ohne Mehl und stattdessen mit Körnern, Kernen und Nüssen gebacken. Ich könnte mir ein Leben ohne Kartoffeln, vor allem Kartoffelpüree und Pommes frites, gar nicht vorstellen. Trotzdem versuche ich, generell mehr Gemüse zu essen und mich bewusster zu ernähren. Und das kann ich nur empfehlen – weil es einfach guttut.

**Gibt es Menschen, die Sie auf Ihre kohlenhydratarme Küche ansprechen? Wie reagieren die Leute?**
Vor zwölf Jahren war das ein großes Thema, heute ist es nichts Besonderes mehr. Die junge Generation der Küchenchefs protzt auf den Tellern und in den Brotkörben nicht mehr mit Völlerei. Sie gehen sehr bedacht zu Werke, das finde ich grandios. Die Generation der 15- bis 25-Jährigen wird in den kommenden 10–15 Jahren das Essverhalten prägen, und das ist gut so, denn sie ernähren sich viel bewusster. Sie achten darauf, nicht sinnlos tierische Produkte zu essen, und haben eine kritische Einstellung zum Konsumverhalten. Wir haben schon immer ein vegetarisches Menü auf der Karte gehabt. Dem Veganen habe ich mich lange bockig entgegen

gestellt, musste aber feststellen, dass auch mir eine temporäre vegane Ernährung sehr guttut und ich körperlich und geistig dadurch fitter bin. Nun werden wir demnächst ein veganes Menü anbieten, das trotzdem unserer Aromenwelt entsprechen wird.

**Wie kocht man Low Carb, sodass niemand etwas vermisst?**
Man vermisst nur, was einem wirklich wichtig ist. Ich halte Zwang für keine gute Wahl, um andere von etwas zu überzeugen. Ich glaube, dass man versuchen sollte, die Kohlenhydrate in einer wohl dosierten Menge zu essen, bestenfalls zum Mittagessen. Dann bleibt einem noch der restliche Tag, um mit Bewegung und eventuell sogar Sport einen Teil direkt wieder zu verbrennen. Wenn man einen absoluten Jieper auf Kartoffeln hat, ist ein Püree von Sellerie oder Topinambur eine gute Alternative. Vollkornpasta ist natürlich immer besser als helle Pasta, wobei gerade aus Italien wunderbare Teigwaren aus alten Weizensorten angeboten werden, die man deutlich besser verträgt. Und beim Reis ist es wichtig, ihn sehr gut und langsam zu kauen. So sättigt er auch schneller und besser.

»Die Gänge sollen beleben, und man soll in der Lage sein, all die Aromen der Gerichte wahrzunehmen.«

# NILS HENKEL: BEWUSST KOCHEN, UNBESCHWERT GENIESSEN

Zwei-Sterne-Koch Nils Henkel steht im Restaurant *Schwarzenstein* auf der gleichnamigen Burg im Rheingau am Herd. Er schätzt die saisonale Gemüseküche – und gehörte zu den ersten Spitzenköchen, die ein vegetarisches Gemüse-Menü angeboten haben.

W

**Welche Rolle spielen in Ihrer Küche die Sättigungsbeilagen?**
Eine sehr geringe – wenn überhaupt. Ich nutze sie nur sehr selten und wenn, dann auch sehr dosiert. Es hängt grundsätzlich von der Komposition des Gerichtes ab: Wenn Reis oder Kartoffeln gut dazu passen und das Gericht runder und spannender machen, dann nehme ich sie auch gerne und ganz bewusst dazu. Aber grundsätzlich bin ich niemand, der zum Gang eine Beilage im klassischen Sinne braucht. Das versuche ich zu vermeiden. Auch schon deshalb, weil wir sehr leckeres Brot haben und unsere Gäste selbst entscheiden sollen, wie viele Kohlenhydrate sie zu sich nehmen möchten. Das hängt dann ja auch vom individuellen Sättigungsfaktor ab. Ich möchte, dass die Gäste nach einem großen Menü nicht »platzen«, sondern angenehm satt nach Hause gehen. Essen darf sie nicht in die Knie zwingen. Durch das separate Brot kann also jeder gut steuern, wie er es haben möchte.

**Sie sagen, dass Sättigungsbeilagen einen Teller spannender und rund machen können. Haben Sie ein Beispiel?**
Da gibt es einen sehr schönen Klassiker aus der Trüffelsaison: ein cre-

miger Eigelb-Raviolo mit frisch gehobeltem Trüffel. Das ist etwas ganz Besonderes und der Gang würde ohne den Raviolo nicht halb so gut funktionieren.

**Wer zu Ihnen ins Restaurant kommt, lernt, wie man Gemüse zum Hauptdarsteller macht. Was empfehlen Sie Hobbyköchen zu Hause?**
Es ist eine Frage, wie man ans Kochen herangeht. Zu Hause koche ich natürlich auch keine fünf oder sechs Gänge. Das ist im Familien-Alltag gar nicht möglich. Da ist es schon viel, wenn wir auf eine Vor- und eine Hauptspeise kommen. Man schaut zu Hause ja immer, was der Kühlschrank so hergibt. Der Trick ist dann eigentlich, schon beim Einkauf zu den passenden Produkten zu greifen.

Man kann sagen, heute mache ich Nudeln, und schaut, was drumherum passen würde. Oder man sagt, es gibt Erbsen und Karotten oder Tomaten und Zucchini und überlegt, was man daraus machen möchte und was man dazu kombinieren könnte. Die Frage ist ja, von welcher Grundidee man ausgeht. Was soll überwiegen: die Beilagen oder das Gemüse? Wir essen bei uns zu Hause auch öfter Nudeln – klar. Das schmeckt den Kindern, und das ist in Ordnung. Allerdings muss es natürlich nicht jeden Tag Nudeln geben. Vielleicht denkt man am nächsten Tag vom Gemüse aus. Und es muss ja auch nicht immer gleich zubereitet werden. Karotten lassen sich genau wie Kartoffeln auch als Püree zubereiten, man kann sie braten, kochen oder dünsten. Blumenkohl, Erbsen oder Topinambur ebenso. Auch im Restaurant machen wir das so: Es geht immer darum, das Gemüse möglichst vielfältig zu nutzen und in seinen unterschiedlichen Facetten auf den Tisch zu bringen. So ist es dann auch alles andere als langweilig.

»Es geht immer darum, das Gemüse möglichst vielfältig zu nutzen.«

**Sie sind bekannt für Ihre leichten, fast ungebundenen Saucen. Was hat es damit auf sich?**
Ja, das machen wir sehr gerne. In der Tat ist der Aufwand, den wir dafür treiben, nicht unerheblich. Das nimmt sich nicht viel im Vergleich zu klassischen Saucen, die mit Stärke, Butter und Sahne gebunden werden. Aber sie sind leichter und machen den Gang bekömmlicher. Und oft passt es auch besser, weil wir durch Sud, Kräuter und Öl noch mal ganz anders mit Aromen und Mundgefühl spielen können. Das kann ein besonders kräftiger und klarer Gemüsesud sein, aus dem wir die sättigenden Festbestandteile herausfiltern. Oder auch eine Hühnerbrühe, die wir sehr stark reduzieren lassen. Dazu passen dann Kräuter, Gewürze und gute Öle.

**Lässt sich das auch zu Hause nachmachen?**
Das geht schon, ist aber aufwendig. Zumindest so, wie wir es machen. Aber man könnte einfach eine kräftige Hühnerbrühe kochen, den Sud durch ein Sieb gießen und ihn mit Olivenöl, Kräutern und Zitrone abschmecken. Das würde schon in die Richtung gehen.

# SONJA BAUMANN: GEMÜSE STEHT IM MITTELPUNKT

Zusammen mit Erik Scheffler kocht Sonja Baumann im *NeoBiota* in Köln: Tagsüber gibt's Frühstück und Brunch, abends Fine-Dining. Ganz bewusst verzichten die beiden Sterneköche in ihrem Abendmenü auf Sättigungsbeilagen wie Kartoffeln, Reis oder Nudeln.

S

**Spielt Low Carb in Ihrer Küche eine große Rolle?**
Nein, zumindest nicht bewusst. Grundsätzlich versuche ich mir überhaupt keine Einschränkungen beim Kochen zu machen. Was wir allerdings explizit nicht servieren, sind Sättigungsbeilagen. Und damit sind wir ja fast beim gleichen Thema, da Sättigungsbeilagen ja vor allem aus Kohlenhydraten bestehen. Insofern ist es vielleicht doch ein Thema (lacht)! Wenn die Gäste bei uns abends vier, sechs oder sogar acht Gänge essen, würde es sonst einfach zu viel werden. Da wäre man nach zwei, höchstens drei Gängen einfach platt. Es kann aber sein, dass ein Gang mal Kartoffel enthält. Das hatten wir neulich zum Beispiel mit Johannisbeere und Haselnuss. Da taucht die Kartoffel dann aber in kleinen Mengen und eben nicht als üppige Sättigungsbeilage auf.

**Und wie ist Ihre Meinung zum Thema »Brot als Beilage«?**
Wir backen unser eigenes Brot und servieren es als eigenständigen Gang im Menü. Das machen wir auch ganz bewusst so. Denn wenn wir das Brot zu Anfang reichen würden, wären viele Gäste schon satt, bevor das eigentliche Menü beginnt (lacht). Das ist für uns Köche natürlich schade, weil die Gänge des Menüs später viel weniger Aufmerksamkeit bekommen und der Magen im Prinzip schon voll ist.

**Wie schafft man es, leicht zu kochen? Dass sich der Gast nach sieben Gängen auch noch auf den achten freut?**
Bei uns steht das Gemüse im Mittelpunkt. Wir suchen uns verschiedene Sorten aus, die gerade Saison haben und deshalb auch besonders gut schmecken. Und dann komponieren wir drumherum unsere Gänge. Das heißt nicht, das sättigende Produkte wie Fleisch und Fisch nicht auch auf

»Gemüsegerichte sind von Natur aus leicht und lassen sich immer wieder neu variieren.«

dem Teller landen. Aber wir beginnen eben stets beim Gemüse. So wird ein Gericht automatisch nicht zu schwer. Zudem ist Gemüse sehr vielfältig. Oft lassen sich ja sogar auch Blattgrün, wie bei Karotten und Rote Bete, oder Blüten, wie bei Zucchini, mitverwenden. Man kann mit festem, gekochtem, aber auch flüssigem Gemüse arbeiten. Es bietet uns in der Küche einfach die meisten Möglichkeiten.

**Wie entsteht aus einer Gemüsesorte ein ganzes Gericht?**
Rote Bete ist zum Beispiel ein Allround-Talent. Man kann sie mit Obst, Fleisch, Fisch, Joghurt oder Schmand kombinieren. Dabei ist wichtig, verschiedene Geschmacksrichtungen und Aromen zu berücksichtigen, damit es spannend bleibt. Man könnte Rote Bete mit anderem Gemüse wie Karotten, Topinambur oder auch Rhabarber kombinieren. Meerrettich oder Chilischote passt auch gut. Das ist ja das Schöne am Kochen: Man kann alles ausprobieren. Ich finde, es gibt kein Richtig oder Falsch. Genauso sollte man es auch zu Hause machen.

**Was würden Sie aus Rote Bete und Rhabarber zaubern?**
Wahrscheinlich eine Vorspeise. Die Rote Bete gibt Süße, die wir in verschiedenen Konsistenzen einsetzen können. Roh, als Püree, gekocht, ja sogar gegrillt. Und der Rhabarber liefert eine knackige Säure. Ich mag ihn sehr gern, wenn er roh ist. Man muss ihn dann fein schneiden, damit die Säure wohl dosiert ist – dann funktioniert es wirklich sehr gut. Man könnte einen Salat aus gekochter und anschließend gegrillter Rote Bete machen, dazu dann ganz dünn aufgeschnittenen rohen, leicht marinierten Rhabarber. Ich würde noch Schalotten, Olivenöl, frische Petersilie und etwas Chilischote zufügen. Dazu passen Ziegenkäse, Ei – oder Thunfisch. Den würde ich roh lassen, einfach dünn als Sashimi aufschneiden und mit wenig Limette und Zitrone marinieren. Habe ich übrigens schon öfter zum Grillen gemacht!

**Und man könnte gefühlt noch viele weitere Kombinationen finden?**
Absolut! Das ist ja das Tolle an Gemüsegerichten. Sie sind von Natur aus leicht und lassen sich immer wieder neu variieren. Für mich als Köchin zudem wichtig: Sie sind und bleiben immer ein bekömmliches Essen. Die Gäste sollen ja satt und zufrieden 'rausgehen – nicht 'rauskugeln! (lacht)

M

I

A

S

T

G

E

E

# KERNIGER HÜTTENKÄSE-SALAT MIT MINZE UND DILL

**Für 4 Personen**

**FÜR DEN SALAT**

**600 g kleine Kirschtomaten**

**2 große Salatgurken**

**4 Stängel Dill**

**3 Stängel Minze (oder 1 EL getrocknete Minze)**

**abgeriebene Schale und Saft von ½ Bio-Orange**

**600 g Hüttenkäse**

**4 EL Olivenöl**

**½ TL Salz**

**frisch gemahlener schwarzer Pfeffer**

**ZUM ANRICHTEN**

**80 g Sonnenblumenkerne**

**15 Min**

**Nährwerte pro Portion:**
**Kcal 423 | E 30 g | F 20 g | KH 24 g**

- Die Tomaten waschen und klein schneiden. Die Gurken waschen, trocken tupfen, längs halbieren, entkernen und fein würfeln. Tomaten- und Gurkenwürfel in einer Schüssel vermengen. Dill und Minze waschen, trocken schütteln, die Spitzen beziehungsweise Blätter abzupfen und fein hacken. Zum Gemüse in die Schüssel geben.

- Orangenschale, -saft, Hüttenkäse und Öl zugeben und alles vorsichtig vermengen. Mit Salz und Pfeffer abschmecken.

- Die Sonnenblumenkerne in einer Pfanne ohne Fett bei mittlerer Hitze unter Rühren rösten, bis sie duften. Auf einen Teller geben und kurz abkühlen lassen.

- Den Salat auf vier tiefe Teller verteilen und mit den frisch gerösteten Kernen bestreut servieren.

TIPP

**Dazu passt ein weich gekochtes Ei oder auch gebratene Hähnchenbruststreifen, am besten mit ein wenig Curry abgeschmeckt.**

# FELDSALAT MIT ROTE-BETE-SCHINKEN-CRUMBLE

**Für 4 Personen**

**FÜR DEN CRUMBLE**

**1,5 kg Rote Bete**

**150 g geräucherte Schinkenwürfel**

**4 EL Olivenöl**

**60 g Walnusskerne**

**1 rote Zwiebel**

**abgeriebene Schale und Saft von ½ Bio-Zitrone**

**Salz (nach Belieben)**

**FÜR DEN FELDSALAT**

**300 g Feldsalat**

**Salz**

**4 EL Olivenöl**

**2 EL Apfelessig (oder Weißweinessig)**

**¼ TL Ahornsirup**

**🕓 20 Min + 1 h Garzeit**

**Nährwerte pro Portion:**
**Kcal 702 | E 38 g | F 56 g | KH 5 g**

- Den Backofen auf 150 °C (Umluft) vorheizen. Die Rote Bete schälen (am besten Küchenhandschuhe dabei tragen) und fein würfeln. In einer großen Auflaufform mit den Schinkenwürfeln und dem Öl gründlich vermengen. Im Ofen etwa 1 Stunde garen. Dabei zwischendurch ein- bis zweimal durchrühren.

- Die Walnusskerne grob hacken und in einer Pfanne ohne Fett bei mittlerer Hitze unter Rühren rösten, bis sie duften. Dann aus der Pfanne nehmen und ein paar Walnüsse zum Anrichten beiseitelegen.

- Die Zwiebel abziehen und sehr fein würfeln oder in Streifen schneiden. Mit den Nüssen unter den lauwarmen Rote-Bete-Schinken-Mix heben. Alles mit Zitronenschale und -saft sowie nach Belieben mit Salz abschmecken.

- Den Feldsalat sehr gründlich waschen, trocken schleudern und in eine Schüssel geben, dann leicht salzen. Öl, Essig und Ahornsirup zufügen, alles mit den Händen vermengen und auf vier tiefe Teller verteilen. Den Rote-Bete-Schinken-Crumble darauf verteilen und alles mit den restlichen Nüssen bestreut servieren.

# KOHLRABI-SCHINKEN-NUDELN MIT ERBSEN UND JOGHURTSAUCE

**Für 4 Personen**

**FÜR DIE GEMÜSE-NUDELN**

**1 kg Kohlrabi**

**3 kleine Schalotten**

**2 EL Sonnenblumenöl**

**200 g geräucherte Schinkenwürfel**

**550 ml Gemüsebrühe**

**400 g Erbsen (TK)**

**FÜR DIE JOGHURT-SAUCE**

**500 g griechischer Joghurt**

**1 Bund glatte Petersilie**

**½ Bund Minze**

**½ Bund Koriandergrün**

**1 Bund Frühlingszwiebeln**

**½ Knoblauchzehe**

**abgeriebene Schale und Saft von 1 Bio-Zitrone**

**Salz**

**ZUM ANRICHTEN**

**40 g Walnusskerne**

**⏲ 30 Min**

**Nährwerte pro Portion:**
**Kcal 573 | E 29 g | F 35 g | KH 27 g**

- Den Kohlrabi schälen und mithilfe eines Spiralschneiders zu »Spaghetti« verarbeiten, dann beiseitestellen. Die Schalotten abziehen und fein würfeln. Das Öl in einem großen, hohen Topf erhitzen und die Schalottenwürfel darin bei mittlerer Hitze 2–3 Minuten anschwitzen, dabei öfter umrühren. Schinkenwürfel zugeben, alles noch 2-3 Minuten garen.

- Die Kohlrabi-Nudeln nach und nach mit in den Topf geben, alles gut vermengen und 400 ml Brühe angießen. Die Kohlrabi-Nudeln zugedeckt in 6–8 Minuten bissfest garen.

- Inzwischen in einem anderen Topf die Erbsen in der restlichen Brühe (150 ml) in 4–5 Minuten. bissfest garen. Die Erbsen abgießen (die Brühe nach Belieben anderweitig verwenden) und mit den Kohlrabi-Nudeln vermengen.

- Den Joghurt in eine Schüssel geben. Petersilie, Minze und Koriander waschen, trocken schütteln, die Blätter abzupfen und fein hacken. Die Frühlingszwiebeln putzen, waschen und in feine Ringe schneiden. Knoblauch abziehen, durch die Presse drücken und zusammen mit Joghurt, Zitronenschale, -saft, Kräutern und Frühlingszwiebeln vermengen. Alles mit Salz abschmecken.

- Die Walnusskerne grob hacken und in einer Pfanne ohne Fett bei mittlerer Hitze unter Rühren rösten, bis sie duften.

- Die warmen Kohlrabi-Nudeln mit der Joghurtsauce auf vier Tellern verteilen. Mit den Nüssen bestreut servieren.

**TIPP**

Wer mag, gibt auf einem separaten Backblech während der Backzeit 200 g kleine Kirschtomaten mit in den Ofen. Die gerösteten Tomaten machen sich wunderbar als Topping auf der frisch gebackenen Frittata! Dazu passen noch einige Kleckse Tomatenpesto.

# BOLOGNESE-FRITTATA



**Für 4 Personen**

**FÜR DIE BOLOGNESE**

**1 rote Zwiebel**

**1 Knoblauchzehe**

**200 g Karotten**

**3 Stangen Staudensellerie**

**4 EL Olivenöl, plus mehr für die Form**

**500 g Rinderhackfleisch**

**1 kleine getrocknete Chilischote**

**1 TL Salz**

**3 EL Tomatenmark**

**250 g Kirschtomaten**

**FÜR DIE EIERMASSE**

**10 Eier**

**60 g Parmesan**

**3 EL Milch**

**1 Prise Salz**

**ZUM ANRICHTEN**

**3 Stängel Basilikum**

**3 EL frisch gehobelter Parmesan**

**🕓 25 Min + 40 Min Garzeit**

**Nährwerte pro Portion:**
**Kcal 692 | E 50 g | F 48 g | KH 9 g**

- Für die Bolognese Zwiebel und Knoblauch abziehen, beides fein würfeln. Die Karotten schälen und putzen. Den Sellerie putzen, waschen und mit den Karotten fein würfeln. In einem großen Topf 2 EL Öl erhitzen und die Zwiebel- und Knoblauchwürfel darin bei mittlerer Hitze etwa 3 Minuten anschwitzen, dabei öfter rühren. Dann die Karotten- und Selleriewürfel zufügen und 4–5 Minuten mitbraten. Die Gemüsemischung aus der Pfanne in eine Schale geben und beiseitestellen.

- Das restliche Öl (2 EL) in die Pfanne geben und das Hackfleisch darin rundherum krümelig braten. Die Chilischote grob zerbröseln und mit Salz und Tomatenmark zur Bolognese geben, alles gut verrühren. Die Tomaten waschen und vierteln, ebenfalls zum Hackfleisch geben. Das angebratene Gemüse untermischen und alles bei schwacher Hitze im offenen Topf mindestens 15 Minuten köcheln lassen, dabei öfter umrühren. Je länger die Masse offen köchelt, desto aromatischer wird sie. Wer die Zeit hat, lässt die Bolognese also noch 15–20 Minuten weiterköcheln.

- Den Ofen auf 165 °C (Umluft) vorheizen. Inzwischen die Eier in einer Schüssel verquirlen. Den Parmesan fein reiben und mit Milch und Salz zu den Eiern geben und verrühren.

- Eine kleine Auflauf- oder Gusseisenform mit Öl einfetten und die Bolognese-Masse hineingeben. Die Eiermasse darübergießen und alles im Ofen etwa 25 Minuten backen. Dann herausnehmen und 5 Minuten ruhen lassen. Basilikum waschen, trocken schütteln und die Blätter abzupfen. Mit den Parmesanhobeln auf der Frittata verteilen.

# BBQ-CAULIFLOWER-SALAT

**Für 4 Personen als Vorspeise oder Beilage**

**1 großer Blumenkohl (etwa 1 kg)**

**3 rote Paprikaschoten**

**1 gelbe Paprikaschote**

**3 Stangen Staudensellerie**

**2 Schalotten**

**2 rote Zwiebeln**

**1 TL Salz**

**5 EL Olivenöl, plus mehr für die Form**

**1 TL geräuchertes Paprikapulver**

**150 g frischer Baby-Spinat**

**Salz**

**frisch gemahlener schwarzer Pfeffer**

**½ TL Zitronensaft (oder milder Apfelessig)**

**60 g Cashewkerne (oder Walnusskerne oder Erdnüsse)**

**🕓 20 Min + 35 Min Garzeit + 15 Min Ruhezeit**

**Nährwerte pro Portion:**
**Kcal 331 | E 10 g | F 23 g | KH 14 g**

- Den Backofen auf 150 °C (Umluft) vorheizen. Den Blumenkohl putzen, waschen und in kleine Röschen teilen. Eine Auflaufform mit Öl einfetten und die Blumenkohlröschen hineingeben. Wer mag, kann den Strunk auch klein schneiden und mit zu den Röschen geben.

- Die Paprika waschen, halbieren, putzen und fein würfeln. Zum Blumenkohl geben. Sellerie putzen, waschen und fein würfeln. Ebenfalls zum restlichen Gemüse in die Form geben. Schalotten und Zwiebeln abziehen und in feine Streifen schneiden. Beides mit Salz, Öl und Paprikapulver mit den Händen unter das Gemüse mischen (am besten Küchenhandschuhe dabei tragen).

- Das Gemüse im Ofen 35–40 Minuten backen, dabei ein- bis zweimal umrühren. Das Gemüse sollte noch etwas bissfest sein. Danach aus dem Ofen nehmen und 15 Minuten abkühlen lassen.

- Den Spinat waschen, trocken schleudern und mit der Gemüsemischung in einer Schüssel vermengen. Mit Salz, Pfeffer und Zitronensaft abschmecken.

- Die Cashewkerne grob hacken und in einer Pfanne ohne Fett bei mittlerer Hitze unter Rühren rösten, bis sie duften. Den Salat auf vier Teller verteilen und mit den Kernen bestreut servieren.

TIPP

Wer mag, verpasst den Cashew-Kernen einen rustikalen BBQ-Style: Dazu die gerösteten Kerne mit 1 Msp. geräuchertem Paprikapulver und einigen Tropfen Sonnenblumenöl unter Rühren erhitzen. Nur kurz rösten, damit das Paprikapulver nicht verbrennt!

# KREATIVE SALATE

Einfach nur grüner Salat ist auf Dauer zu langweilig? Stimmt! Umso reizvoller ist es daher, auch mal neue Salat- und Gemüsekombinationen auszuprobieren. Das Beste: Sie lassen sich in der Mittagspause oder nach Feierabend im Handumdrehen zaubern!

1

## NICHT NUR »GRÜNZEUG«

Bei Salat denken wir meist an den typischen Kopfsalat, Salatherzen, Feldsalat, vielleicht auch Rucola. Doch wer sagt, dass das »Grünzeug« in der Salatschüssel zwingend die Hauptrolle spielen muss? Der frische, gut angemachte Salat kommt besonders zur Geltung, wenn er mit eingelegtem, gebratenem oder gedünstetem Gemüse, frischen Kräutern und vielleicht sogar einigen Nüssen getoppt wird. Tomaten am besten roh mit in den Salat schneiden. Für ein schnelles Gemüse-Topping eignen sich Paprikastreifen, Zucchini- und Auberginenwürfel. Die kann man schon prima am

Vorabend mit etwas Salz und Olivenöl im Ofen backen und am nächsten Tag separat zum Salat verpackt mit ins Büro nehmen, wo man beides dann zusammen genießt. Nach Lust und Laune lässt sich das Gemüse mit Kräutern, etwas Zitronensaft oder Balsamico-Essig abschmecken. Wer das Glück hat, eine gut ausgestattete Büroküche zu haben: Frisch aus der Pfanne schmeckt das Gemüse auf dem Salat ebenfalls hervorragend.

2

## NÜSSE UND KERNE FÜR MEHR BISS

Häufig kommen geröstete Kerne oder Varianten des Granolas (siehe Rezept Seite 26) bei den Rezepten in diesem Buch vor. Aus gutem Grund: Das crunchige Topping verleiht dem Salat mehr Textur, bringt nussige Aromen ins Spiel und nach Belieben auch mehr Würze: Ein Curry-Granola ist zum Beispiel auf buntem Blattsalat mit gebratenen Karotten- und Pastinakenwürfeln und Feta einfach der Clou!

3

## ALLES IN DIE BOWL!

Wir alle wissen: Das Auge isst mit! Insofern ist es ratsam, den täglichen Salat auch einfach mal in neuer Form aufzutischen – zum Beispiel als Bowl. Bowls zeichnen sich in erster Linie dadurch aus, dass verschiedene warme und kalte Zutaten in einer Schale zusammentreffen. Anders als beim klassischen Salat mixt oder verrührt man die Zutaten nicht, sondern richtet sie separat voneinander an. Eine schnelle Salat-Bowl könnte so aussehen: Etwas marinierten Blattsalat in die eine Hälfte der Bowl geben. Daneben eine Mischung aus Tomate, Mozzarella und Basilikum, natürlich schon mit etwas Essig und Öl abgeschmeckt. Einige warme, geröstete Kichererbsen mit geräuchertem Paprikapulver kommen in die Mitte, daneben ist noch Platz für zwei Scheiben Serranoschinken. Ein, zwei Löffel geröstete Pinienkerne obendrauf – und fertig ist die leckere Express-Salat-Bowl. Sie schmeckt natürlich auch abends einfach umwerfend gut!

# GEMÜSE-FETA-PÄCKCHEN MIT KORIANDERGRÜN

**Für 4 Personen**

**FÜR DEN SCHINKEN-ZWIEBEL-MIX**

**2 rote Zwiebeln**

**1 Knoblauchzehe**

**2 EL Olivenöl**

**150 g geräucherte Schinkenwürfel**

**FÜR DAS TOMATEN-GEMÜSE**

**600 g kleine Kirschtomaten**

**2 Pfirsiche (oder Nektarinen; à 100 g)**

**1 Bund glatte Petersilie**

**1 Bund Koriandergrün**

**1 kleine getrocknete Chilischote**

**2 EL Olivenöl**

**Salz**

**ZUM ANRICHTEN**

**400 g Feta**

**40 g Cashewkerne (oder Erdnüsse)**

**⏲ 25 Min + 30 Min Garzeit**

**Nährwerte pro Portion:**
**Kcal 638 | E 31 g | F 48 g | KH 14 g**

TIPP **Dazu passt ein grüner Salat mit Olivenöl-Zitronen-Vinaigrette.**

- Zwiebeln und Knoblauch abziehen, beides fein würfeln. Das Öl in einer Pfanne erhitzen und die Würfel darin bei mittlerer Hitze 3–4 Minuten anschwitzen, dabei öfter umrühren. Dann die Pfanne vom Herd nehmen und den Schinken einrühren.

- Die Tomaten waschen und vierteln (je nach Größe sonst fein würfeln). Die Pfirsiche waschen, halbieren, entsteinen und das Fruchtfleisch ebenfalls würfeln. Petersilie und Koriander waschen, trocken schütteln, die Blätter abzupfen und einige Korianderblätter zum Anrichten beiseitelegen. Die restlichen Kräuter fein hacken.

- Tomaten- und Pfirsichwürfel, gehackte Kräuter und Zwiebel-Schinken-Mix in einer Schüssel vermengen. Chilischote fein zerbröseln und mit dem Öl dazugeben. Alles mit Salz abschmecken.

- Den Backofen auf 160 °C (Umluft) vorheizen. Vier Bögen Backpapier zu Päckchen formen. Dazu die Bögen jeweils längs zusammenklappen und die Enden an den kurzen Seiten wie ein Bonbon eindrehen. Die Päckchen auf zwei mit Backpapier belegte Backbleche setzen und mit der Gemüse-Schinken-Mischung füllen. Die oben offenen Päckchen im Ofen 20–25 Minuten backen.

- Danach den Feta in vier Portionsstücke teilen und jeweils ein Stück auf das Gemüse setzen. Die Päckchen noch 10–15 Minuten offen im Ofen backen – je nachdem, wie stark gebacken man sich den Käse wünscht.

- Die Cashewkerne grob hacken und in einer Pfanne ohne Fett bei mittlerer Hitze unter Rühren rösten, bis sie duften. Mit dem restlichen Koriander auf die Päckchen streuen.

TIPP

**Ein schneller Blick auf die Kohlenhydrate: 46 g sind für ein Low-Carb-Mittagessen nicht wenig. Aber überhaupt kein Problem: Der Schlüssel liegt in der Balance. Auf Gemüse, das vergleichsweise viele Carbs enthält – hier der Kürbis – folgen am nächsten Tag Zucchini, Gurke oder Paprika, die absolut arm an Carbs sind.**

# OFENKÜRBIS MIT CHILI-ZITRONEN-JOGHURT UND GEWÜRZMANDELN



**Für 4 Personen**

**FÜR DEN OFENKÜRBIS**

**1 großer Hokkaido-Kürbis**

**1 TL Salz**

**3 EL Olivenöl**

**FÜR DEN CHILI-ZITRONEN-JOGHURT**

**1 kleine getrocknete Chilischote**

**500 g griechischer Joghurt**

**abgeriebene Schale und Saft von 1 kleinen Bio-Zitrone**

**1 Msp. Garam masala (ind. Gewürzmischung; oder Ras el-Hanout oder Currypulver)**

**Salz**

**FÜR DIE GEWÜRZMANDELN**

**80 g Mandelblättchen**

**1 TL Sonnenblumenöl**

**½ TL Garam masala**

**Salz**

**ZUM ANRICHTEN**

**2 Msp. Piment d'Espelette (nach Belieben)**

**15 Min + 35 Min Backzeit**

**Nährwerte pro Portion:**
**Kcal 576 | E 14 g | F 34 g | KH 46 g**

- Den Backofen auf 165 °C (Umluft) vorheizen. Den Kürbis gut waschen und trocken tupfen. Aufschneiden, die Kerne entfernen und das Kürbisfleisch samt Schale in Spalten schneiden. In eine Auflaufform legen, rundherum leicht salzen und im Öl wälzen. Die Kürbisspalten im Ofen etwa 35 Minuten backen.

- Die Chilischote fein zerbröseln. Den Joghurt mit Zitronenschale, -saft, Chilischote, Garam masala und Salz abschmecken.

- Für die Gewürzmandeln die Mandelblättchen in einer Pfanne ohne Fett bei mittlerer Hitze unter Rühren rösten, bis sie duften. Öl und Garam masala zugeben, alles gut vermengen und weitere 1–2 Minuten rösten.

- Die Kürbisspalten auf vier Teller verteilen und den kalten Chili-Zitronen-Joghurt sowie die Gewürzmandeln daraufgeben. Nach Belieben mit Piment d'Espelette bestäuben.

# MEDITERRAN-ORIENTALISCHE GEMÜSEPFANNE MIT RINDFLEISCH

**Für 4 Personen**

**FÜR DAS GEMÜSE**

**1 große Gemüsezwiebel**

**1 rote Zwiebel**

**2 Knoblauchzehen**

**3 EL Olivenöl**

**2 rote Paprikaschoten**

**3 mittelgroße Zucchini**

**3 mittelgroße Auberginen**

**Salz**

**100 g getrocknete Tomaten in Öl, abgetropft**

**400 g passierte Tomaten**

**1 getrocknete Chilischote**

**FÜR DAS FLEISCH**

**500 g sehr dünn geschnittenes Rindergeschnetzeltes (Oberschale)**

**Salz**

**1 TL Za'atar**

**2 EL Olivenöl**

**1 Bund Minze**

**1 Bund Koriandergrün**

**abgeriebene Schale von 1 Bio-Zitrone**

**FÜR DAS FETA-TOPPING**

**250 g Feta**

**1 Knoblauchzehe**

**4 EL Olivenöl**

**◷ 50 Min**

**Nährwerte pro Portion:**
**Kcal 704 | E 44 g | F 45 g | KH 21 g**

- Für die Gemüsepfanne beide Zwiebelsorten und den Knoblauch abziehen. Die Zwiebeln mittelfein, den Knoblauch sehr fein würfeln. Das Öl in einer großen Schmorpfanne erhitzen und die Zwiebel- und Knoblauchwürfel darin bei schwacher Hitze etwa 5 Minuten anschwitzen, dabei öfter umrühren.

- Die Paprika waschen, halbieren, putzen und würfeln. Zum Zwiebel-Mix geben und etwa 10 Minuten bei schwacher Hitze mitgaren.

- Zucchini und Auberginen waschen, putzen und würfeln. In einer Schüssel mit 1 TL Salz vermengen und etwa 5 Minuten ziehen lassen. Danach die entstandene Flüssigkeit abgießen.

- Die Zucchini-Auberginen-Mischung in die Pfanne geben, alles verrühren. Die eingelegten Tomaten klein schneiden und mit den passierten Tomaten zufügen. Die Chilischote zerbröseln, dazugeben und alles bei mittlerer Hitze 20–23 Minuten schmoren, dabei öfter umrühren.

- In einer Schüssel das Fleisch salzen, Za'atar und Öl zugeben. Minze und Koriander waschen, trocken schütteln, die Blätter abzupfen und ein paar davon beiseitelegen. Die restlichen Blätter fein hacken und mit der Zitronenschale zum Fleisch geben. Alles unter das Gemüse heben. Die Temperatur auf schwache Hitze reduzieren und das Fleisch etwa 12 Minuten in der Gemüsepfanne gar ziehen lassen.

- Den Feta zerbröckeln. Den Knoblauch abziehen, durch die Presse drücken und mit Feta und Öl vermengen. Mit den restlichen Kräutern auf der Gemüsepfanne anrichten.

# THAILÄNDISCHER HÄHNCHENSALAT MIT KONJAK-NUDELN

**Für 4 Personen**

**FÜR DAS HÄHNCHEN-FLEISCH**

**800 g Hähnchenbrustfilets**

**Salz**

**3 Zwiebeln**

**FÜR DIE NUDELN**

**500 g Konjak-Nudeln**

**Salz**

**FÜR DEN SALAT**

**1 rote Zwiebel**

**6 Paprikaschoten (rot, orange, gelb)**

**3 Stangen Staudensellerie**

**1 Bund Koriandergrün**

**1 Bund Thai-Basilikum**

**1 Stück Ingwer (4 cm)**

**1 kleine rote Chilischote (sehr scharf)**

**2 EL Sonnenblumenöl**

**abgeriebene Schale und Saft von 1 Bio-Limette**

**ZUM ANRICHTEN**

**4 EL Sesam**

**6 EL geröstete und gesalzene Erdnüsse (Fertigprodukt)**

**45 Min**

**Nährwerte pro Portion:**
**Kcal 583 | E 60 g | F 26 g | KH 17 g**

- Die Hähnchenbrustfilets etwa 30 Minuten vor der Zubereitung aus dem Kühlschrank nehmen. Dann leicht salzen und in einen großen Topf legen. Die Zwiebeln abziehen, in Streifen schneiden und auf die Filets legen. So viel Wasser angießen, dass Fleisch und Zwiebeln gerade damit bedeckt sind. Bei schwacher Hitze mindestens 30 Minuten köcheln lassen.

- Die Nudeln in einem Sieb sehr gründlich mit kaltem Wasser waschen. Einen Topf mit Salzwasser aufsetzen und die Nudeln darin 5 Minuten köcheln lassen. Anschließend in ein Sieb abgießen und abtropfen lassen.

- Für den Salat die Zwiebel abziehen und fein würfeln. Die Paprika waschen, halbieren, putzen und fein würfeln. Alles in einer großen Schüssel vermengen. Den Sellerie putzen, waschen und ebenfalls fein würfeln. Koriander und Basilikum waschen, trocken schütteln, die Blätter abzupfen und hacken. Den Ingwer schälen, fein reiben und mit Sellerie und Kräutern in die Schüssel geben. Die Chilischote waschen, halbieren, entkernen und fein würfeln. Mit Öl, Limettenschale, -saft und Nudeln unter den Salat heben.

- Die Filets aus der Brühe nehmen und einige Minuten abkühlen lassen, dann fein würfeln und noch lauwarm unter den Salat heben.

- Den Sesam in einer Pfanne ohne Fett bei mittlerer Hitze unter Rühren rösten, bis er duftet. Den Salat auf vier Teller verteilen. Anschließend mit Sesam und Erdnüssen bestreut servieren.

**TIPP**

Die Brühe lässt sich nach dem Garen der Filets prima als Suppe servieren.

**TIPP**

**Die Schinken-Chips können parallel mit dem Auberginen-Salat zubereitet werden, so nutzt man die Ofenwärme gleich doppelt.**

# ANTIPASTI-BOWL

**Für 4 Personen**

**FÜR DIE AUBERGINEN**

**4 mittelgroße Auberginen**

**Salz**

**1 kleine rote Zwiebel**

**1 Knoblauchzehe**

**1 getrocknete Chilischote**

**1 Bund glatte Petersilie**

**½ Bund Koriandergrün**

**abgeriebene Schale und Saft von 1 kleinen Bio-Zitrone**

**4 EL Olivenöl**

**FÜR DIE SCHINKEN-CHIPS**

**8–10 hauchdünne Scheiben Serranoschinken**

**FÜR DEN FETA**

**500 g Feta**

**je 1 TL getrocknetes Basilikum, Oregano, Minze**

**1 Msp. gemahlener Kreuzkümmel**

**4 EL Olivenöl**

**1 kleine rote Zwiebel**

**1 Knoblauchzehe**

**FÜR KERNE UND SALAT**

**80 g Sonnenblumenkerne**

**250 g junge Blattsalate**

**4 EL Olivenöl**

**2 EL Weißweinessig**

**⏱ 25 Min + 45 Min Backzeit**

**Nährwerte pro Portion:**
**Kcal 798 | E 31 g | F 66 g | KH 11 g**

- Den Backofen auf 150 °C (Umluft) vorheizen. Die Auberginen waschen, trocken tupfen und im Ganzen auf dem Rost im Ofen etwa 45 Minuten backen. Etwa 10 Minuten abkühlen lassen, dann häuten, würfeln und mit ½ TL Salz in einer Schüssel mischen.

- Die Zwiebel abziehen und fein würfeln. Den Knoblauch abziehen und durch die Presse drücken. Die Chilischote zerbröseln. Petersilie und Koriander waschen, trocken schütteln, die Blätter abzupfen und hacken. Alles mit Zitronenschale, -saft und Öl zu den Auberginen geben.

- Die Ofentemperatur auf 160 °C (Umluft) erhöhen. Die Schinkenscheiben in grobe Stücke zupfen und auf einem mit Backpapier belegten Backblech ausbreiten. Dann im Ofen 6–8 Minuten rösten. Herausnehmen und abkühlen lassen.

- Den Feta würfeln und mit Basilikum, Oregano, Minze, Kreuzkümmel und Öl vermengen. Die Zwiebel abziehen und fein würfeln. Den Knoblauch abziehen, durch die Presse drücken und mit den Zwiebelwürfeln zum Feta geben.

- Die Sonnenblumenkerne in einer Pfanne ohne Fett bei mittlerer Hitze unter Rühren rösten, bis sie duften. Danach herausnehmen.

- Den Salat verlesen, waschen, trocken schleudern und salzen. Öl und Essig unterheben. Salat, Auberginen, Feta, Schinken-Chips und die Sonnenblumenkerne auf vier Bowls verteilen.

# SCHNELLE HÄHNCHEN-CAPRESE AUF ZUCCHINI-GEMÜSE

**Für 4 Personen**

**FÜR DAS ZUCCHINI-GEMÜSE**

**1,2 kg Zucchini**

**1 TL Salz**

**2 EL Olivenöl, plus mehr für die Form**

**FÜR DAS HÄHNCHEN-CAPRESE**

**4 Hähnchenbrustfilets (à etwa 200 g)**

**Salz**

**400 g mittelgroße Tomaten**

**2 Kugeln Büffelmozzarella**

**3 geh. EL Basilikumpesto**

**ZUM ANRICHTEN**

**2 Stängel Basilikum**

**3 TL Olivenöl**

**🕓 15 Min + 30 Min Backzeit**

**Nährwerte pro Portion:**
**Kcal 661 | E 66 g | F 37 g | KH 10 g**

- Die Zucchini waschen, putzen und in feine Scheiben schneiden. Eine große Auflaufform mit Öl einfetten und die Zucchinischeiben hineinlegen, sodass der Boden gut bedeckt ist. Die Zucchini mit Salz würzen und in den 2 EL Öl wenden.

- Den Backofen auf 165 °C (Umluft) vorheizen. Die Hähnchenbrustfilets rundherum leicht salzen und jeweils drei bis vier Mal einschneiden, dann auf das Zucchinibett legen.

- Die Tomaten waschen und in dünne Scheiben schneiden. Den Mozzarella ebenfalls in dünne Scheiben schneiden. Jeweils etwas Basilikumpesto in die Schnittflächen der Hähnchenbrustfilets streichen und jede »Tasche« anschließend mit je einer Tomaten- und Mozzarellascheibe füllen. Die gefüllten Hähnchenbrustfilets auf die Zucchinischeiben legen und im Ofen 30–32 Minuten garen.

- Das Basilikum waschen, trocken schütteln und die Blätter abzupfen. Mit dem Öl auf den Filets und dem Zucchinigemüse verteilen.

TIPP

**Dazu passt eine Zitronen-Basilikum-Creme: 100 g Schmand mit 200 g griechischem Joghurt glatt rühren und mit etwas abgeriebener Bio-Zitronenschale, Zitronensaft, 1 TL Basilikumpesto sowie Salz abschmecken.**

# GEBRATENER ZANDER AUF GURKEN UND KAROTTEN-KOKOS-PÜREE

**Für 4 Personen**

**FÜR DIE SESAM-INGWER-GURKEN**

**3 EL Sesam**

**2 Salatgurken**

**Salz**

**1 Stück Ingwer (4 cm)**

**1 Schalotte**

**1 kleine getrocknete Chilischote**

**2 EL Reisessig**

**3 EL Sojasauce**

**2 EL geröstetes Sesamöl**

**FÜR DAS KAROTTEN-KOKOS-PÜREE**

**1,2 kg Karotten**

**1 EL Butter**

**½ TL Salz**

**250 ml Gemüsebrühe**

**250 ml Kokosmilch**

**FÜR DEN ZANDER**

**800 g Zanderfilets mit Haut, ohne Gräten (am besten Loins)**

**Salz**

**2 EL Butter**

**30 g Schlagsahne**

**ZUM ANRICHTEN**

**2 EL Kürbiskerne**

**⏲ 45 Min**

**Nährwerte pro Portion:**
**Kcal 675 | E 49 g | F 38 g | KH 24 g**

- Den Sesam in einer Pfanne ohne Fett bei mittlerer Hitze unter Rühren rösten, bis er duftet. Die Gurken waschen, trocken tupfen, längs halbieren, entkernen und mit einem Sparschäler in dünne Streifen schneiden. Leicht mit Salz würzen. Den Ingwer schälen und zu den Gurken reiben. Die Schalotte abziehen und fein würfeln. Chilischote grob zerbröseln und beides mit Sesam, Essig, Sojasauce und Öl zu den Gurken geben. Bei Zimmertemperatur ziehen lassen.

- Inzwischen für das Karotten-Kokos-Püree die Karotten schälen, putzen und in Scheiben schneiden. Die Butter in einem großen Topf erhitzen und die Karotten darin bei mittlerer Hitze unter gelegentlichem Rühren etwa 4 Minuten andünsten, sie sollen dabei keine Farbe annehmen. Salz und Brühe zufügen. Die Temperatur auf schwache Hitze reduzieren und die Karotten zugedeckt etwa 25 Minuten garen. Die Kokosmilch angießen, 1–2 Minuten mitköcheln lassen und alles mit dem Stabmixer fein pürieren. Nach Belieben durch ein Sieb passieren. Warm halten.

- Die Zanderfilets leicht mit Salz würzen. Die Butter in einer beschichteten Pfanne erhitzen. Die Fischfilets darin bei mittlerer Hitze auf der Hautseite anbraten. Die Sahne nach und nach angießen, die Filets sollen nicht darin schwimmen, sondern immer noch braten. Die Temperatur auf schwache Hitze reduzieren und die Fischfilets ohne Wenden 4–6 Minuten weiterbraten, sodass sie innen noch glasig sind.

- Die Kürbiskerne in einer Pfanne ohne Fett bei mittlerer Hitze unter Rühren rösten, bis sie duften. Püree , abgetropfte Gurken, Fischfilets und Kürbiskerne auf vier Teller verteilen.

**TIPP**

Wenn man das Öl direkt nach der Zubereitung in der Flasche für 15 Minuten in eine große, mit Eiswürfeln gefüllte Schüssel legt, behält es seine Farbe. Im Kühlschrank ist das Kräuteröl 2–3 Tage haltbar.

# KOHLRABI-CARPACCIO MIT THAI-KRÄUTERQUARK UND BÄRLAUCH-ÖL

**Für 4 Personen als Vorspeise oder kleines Hauptgericht**

**FÜR DAS KOHLRABI-CARPACCIO**

**1 kg Kohlrabi**

**FÜR DAS BÄRLAUCH-ÖL**

**1 Bund Bärlauch**

**150 ml Sonnenblumenöl**

**FÜR DEN THAI-KRÄUTERQUARK**

**500 g Quark**

**1 Bund Koriandergrün**

**½ Bund Thai-Basilikum**

**abgeriebene Schale und Saft von 1 Bio-Zitrone**

**2 EL Olivenöl**

**Salz**

**ZUM ANRICHTEN**

**30 g Sesam**

**40 g Walnusskerne**

**2 Stängel Koriandergrün**

**2 Stängel Thai-Basilikum**

**Salz**

**⏲ 20 Min + 1 h Backzeit**

**Nährwerte pro Portion:**
**Kcal 527 | E 21 g | F 43 g | KH 10 g**

- Den Backofen auf 160 °C (Umluft) vorheizen. Den Kohlrabi waschen und auf ein Backblech legen. Im Ofen etwa 1 Stunde backen.

- Inzwischen für das Bärlauch-Öl den Bärlauch waschen, trocken tupfen und die groben Stiele entfernen. Die Blätter mit dem Öl im Mixer fein pürieren. Durch ein feines Sieb passieren und das Bärlauch-Öl auffangen. Anschließend in eine kleine Flasche füllen und am besten direkt auf Eis legen (siehe Tipp Seite 96).

- Für den Kräuterquark den Quark in einer großen Schüssel glatt rühren. Koriander und Basilikum waschen, trocken schütteln, die Blätter abzupfen und fein hacken. Mit Zitronenschale, -saft und Öl unter den Quark rühren. Den Kräuterquark mit Salz abschmecken.

- Den Sesam in einer Pfanne ohne Fett bei mittlerer Hitze unter Rühren rösten, bis er duftet; aus der Pfanne nehmen. Die Walnusskerne grob hacken. Koriander und Basilikum waschen, trocken schütteln und die Blätter abzupfen.

- Den Kohlrabi aus dem Ofen nehmen und noch lauwarm von der Schale befreien. Er sollte gegart sein, aber noch Biss haben. Dann in hauchdünne Scheiben schneiden und auf vier Tellern auslegen. Leicht mit Salz würzen. Den Kräuterquark mittig daraufgeben und das Bärlauch-Öl großzügig darüber träufeln. Sesam, Nüsse und Kräuter auf dem Carpaccio anrichten und dieses noch lauwarm servieren.

# VERBRANNTER SPITZKOHL MIT SCHINKEN-CHIPS UND EI

**Für 4 Personen**

**8 Scheiben Serranoschinken**
**1 großer Spitzkohl**
**80 g Kürbiskerne**
**Puderzucker (nach Belieben)**
**4 Eier (Größe M)**
**Salz**
**2 EL Olivenöl**

**◷ 20 Min + 1 h Backzeit**

**Nährwerte pro Portion:**
**Kcal 466 | E 31 g | F 30 g | KH 10 g**

- Den Backofen auf 160 °C (Umluft) vorheizen. Die Schinkenscheiben nebeneinander auf einem mit Backpapier belegten Backblech ausbreiten. Dann im Ofen 6–8 Minuten rösten. Herausnehmen und abkühlen lassen.
- Die Ofentemperatur auf 250 °C erhöhen. Den Spitzkohl waschen, trocken tupfen und auf den Rost in den Backofen legen. Ein Backblech darunter schieben, da der Kohl beim Garen tropft. Den Kohl im Ofen etwa 1 Stunde verbrennen lassen, bis er außen schwarz und innen gegart, aber noch leicht bissfest ist.
- Die Kürbiskerne in einer Pfanne ohne Fett bei mittlerer Hitze unter Rühren rösten, bis sie duften. Nach Belieben mit etwas Puderzucker bestäuben und aus der Pfanne nehmen.
- Etwa 10 Minuten vor Ende der Garzeit des Spitzkohls die Eier zubereiten. Diese in kochendem Wasser in 6 Minuten wachsweich kochen. Dann abschrecken, pellen und halbieren.
- Den Spitzkohl nach dem Backen auf ein großes Brett legen, die schwarzen äußeren Blätter entfernen und das Innere vierteln.
- Die warmen Spitzkohlviertel auf vier Tellern anrichten und jeweils ein aufgeschnittenes Ei und zwei Schinken-Chips dazugeben. Die Spitzkohlviertel anschließend mit Salz würzen und mit Öl beträufeln. Alles mit den gerösteten Kürbiskernen bestreut servieren.

**TIPP**

**Geröstete Kerne schon für einige Tage im Voraus zubereiten und nach dem Auskühlen in gut schließende Vorratsgläser füllen. Wenn diese in Reichweite stehen, hat man die köstlichen Kerne zum Verfeinern gleich zur Hand!**

TIPP

Am besten verwendet man beim Confieren einen weißen Teller, da er die Wärme nicht so stark annimmt. So gart der Fisch auch nicht zu sehr auf der einen Seite. Wer den Lachs lieber durchgegart genießen möchte, lässt ihn etwas länger im Ofen.

# CONFIERTER LACHS AUF AVOCADO-CREME MIT KAROTTEN UND DILL

**Für 4 Personen**

**FÜR DEN LACHS**

**800 g Lachsfilet ohne Haut**

**Salz**

**6 EL Olivenöl**

**FÜR DIE KAROTTEN**

**800 g Karotten**

**3 EL Butter**

**Salz**

**FÜR DIE KERNE**

**60–80 g Kürbiskerne**

**Puderzucker (nach Belieben)**

**FÜR DIE AVOCADOCREME**

**4 mittelgroße Hass-Avocados (à etwa 100 g)**

**abgeriebene Schale und Saft von ½ Bio-Zitrone**

**½ Knoblauchzehe**

**Salz**

**ZUM ANRICHTEN**

**30 g Sesam**

**3 Stängel Dill**

**⏲ 40 Min**

**Nährwerte pro Portion:**
**Kcal 951 | E 54 g | F 70 g | KH 15 g**

- Den Lachs aus dem Kühlschrank nehmen. Inzwischen die Karotten schälen, putzen und in dünne Scheiben schneiden. Butter würfeln und mit ½ TL Salz und den Karottenscheiben in einem Topf vermengen. Bei schwacher Hitze zugedeckt 10–12 Minuten dünsten, dabei öfter umrühren. Dann mit Salz abschmecken.

- Den Ofen auf 80 °C (Umluft) vorheizen. Den Lachs in vier Stücke schneiden und die Filets leicht mit Salz würzen. Dann jeweils zwei Filets auf einen großen, weißen Teller legen. Die Filets im Öl wälzen, sodass sie gut damit benetzt und die Tellerflächen gut eingeölt sind. Frischhaltefolie über die Teller spannen. Die Lachsfilets so im Ofen in 12–15 Minuten glasig confieren.

- Die Kürbiskerne in einer Pfanne ohne Fett bei mittlerer Hitze unter Rühren rösten, bis sie duften. Nach Belieben mit etwas Puderzucker bestäuben. Aus der Pfanne nehmen.

- Avocados halbieren, jeweils den Kern entfernen und das Fruchtfleisch herauslösen. In eine Schüssel geben und mit einer Gabel fein zerdrücken. Mit Zitronenschale und -saft vermengen. Knoblauch abziehen und durch die Presse drücken. Avocadocreme mit Knoblauch und Salz abschmecken, dann auf vier Teller verteilen. Lachsfilets und Karotten daraufgeben.

- Den Sesam in einer Pfanne ohne Fett bei mittlerer Hitze unter Rühren rösten, bis er duftet. Den Dill waschen, trocken schütteln und die Spitzen abzupfen. Kürbiskerne grob hacken und mit Sesam und Dillspitzen auf dem Gericht anrichten.

# MITTAGESSEN IM BÜRO: ALLES EINE SACHE DER VORBEREITUNG

Hand aufs Herz: Am Ende ist es doch wieder das belegte Brötchen? In der Tat ist das wohl der schnellste und unkomplizierteste Mittags-Snack überhaupt. Doch mit ein wenig Vorbereitung geht da noch sehr viel mehr – vor allem auch passend zu Low Carb!

1

## CLEVER VORKOCHEN

Wer mittags keine Gelegenheit zum Kochen hat, kann trotzdem ohne großen Aufwand eine gesunde Mahlzeit im Büro genießen. Denn auf Dauer ist weder das belegte Brötchen vom Bäcker noch der Fertigsalat vom Supermarkt die perfekte Lunch-Option. Mal ganz davon abgesehen, dass sie langfristig auch ordentlich ins Geld gehen! Wie gut also, dass sich viele Gerichte von vornherein für ein oder zwei Mahlzeiten mehr zubereiten lassen. Suppen oder Gemüsegerichte, die nur noch kurz wieder erwärmt werden müssen, aber auch Gemüsenudeln eignen sich zum Beispiel ideal. Diese können zu Hause schon geschnitten werden und beispielsweise in einer Kunststoffdose über Nacht im Kühlschrank bleiben. Dann nur noch ein Glas Pesto im Büro-Kühlschrank deponieren – fertig sind die Low-Carb-Gemüsenudeln in weniger als 10 Minuten!

Wenn Sie fertige Gerichte mit zur Arbeit nehmen möchten, die nur noch kurz erwärmt werden müssen, kochen Sie am besten dann vor, wenn Sie ohnehin kochen. Wenn Sie das Gericht dann leicht verändern möchten, bieten sich verschiedene Gewürze sowie diverse Nuss- oder Käse-Toppings an. Auch sie lassen sich wie Suppen, Gemüsegerichte oder Salat leicht in Dosen mit ins Büro nehmen.

2

## GEMÜSEKISTE – EINE FÜR ALLE

Immer häufiger entdecken ganze Büroabteilungen den Spaß am gemeinsamen Kochen. Wahlweise bringt abwechselnd jemand etwas für alle im (überschaubaren) Team mit, oder man kocht in der Mittagspause sogar zusammen. Vielleicht gibt auch jeder einen kleinen Beitrag in die Kasse, sodass wöchentlich eine Gemüsekiste ins Büro geliefert wird? So geht es in der Pause nicht nur lecker und ausgewogen zu, sondern auch kommunikativ. Jeder kann dabei seine eigenen Rezepte und Ideen beisteuern, da ist Abwechslung garantiert!

## ③ ALLROUND-TALENT SUPPE

Selbst in der kleinsten Büroküche gibt es meist eine Herdplatte oder Mikrowelle. Kochen Sie sich daher am Wochenende ein oder zwei verschiedene Gemüsesuppen vor, füllen diese in Glasbehälter (etwa 400 ml Inhalt) ab und nehmen Sie sie mit zur Arbeit. Durch frische Kräuter, wie Petersilie, Koriandergrün oder Dill, lassen sich die Suppen ebenso variieren wie durch verschiedene Toppings: geröstete Kichererbsen zum Beispiel, die sich wunderbar im Ofen vorbereiten lassen, Granola oder einen Klecks Kräuter-Schmand. Hier gilt es, beim Vorkochen einfach kreativ zu sein.
So wird beispielsweise aus einem Teil einer klassischen Tomatensuppe eine mediterrane Gemüsesuppe, indem man noch ein paar im Ofen geröstete Auberginen- und Zucchiniwürfel sowie einige Oliven dazu kombiniert. Und eine Hühnersuppe kommt einmal ganz klassisch mit Petersilie, Frühlingszwiebelringen und Karottenscheiben ins Glas und wird ein anderes Mal mit Sojasauce, Ingwer und Zitrone asiatisch abgeschmeckt – so bleibt es vielfältig, ohne dauernd kochen zu müssen. Übrigens: Die meisten Suppen lassen sich auch sehr gut portionsweise einfrieren.

# ZOODLE-BOLOGNESE

**Für 4 Personen**

**FÜR DIE BOLOGNESE**

**1 große rote Zwiebel**

**1 Knoblauchzehe**

**4 EL Olivenöl**

**4 Karotten**

**4 Stangen Staudensellerie**

**750 g Rinderhackfleisch**

**1 TL Salz**

**4 EL Tomatenmark**

**50 ml trockener Rotwein**

**500 g stückige Tomaten (aus der Dose)**

**1 kleine getrocknete Chilischote**

**FÜR DIE ZUCCHINI-NUDELN**

**1,4 kg Zucchini**

**1 TL Salz**

**2 EL Olivenöl**

**ZUM ANRICHTEN**

**80 g Parmesan, frisch gehobelt**

**⏲ 50 Min**

**Nährwerte pro Portion:**
**Kcal 723 | E 48 g | F 51 g | KH 10 g**

- Zwiebel und Knoblauch abziehen und fein würfeln. Dann 2 EL Öl in einem großen Topf erhitzen und die Zwiebel- und Knoblauchwürfel darin bei mittlerer Hitze 3–5 Minuten anschwitzen, dabei öfter umrühren. Karotten schälen und putzen. Sellerie putzen, waschen und beides fein würfeln. In den Topf geben und alles noch etwa 8 Minuten garen. Das Gemüse in eine Schale füllen und beiseitestellen.

- Das restliche Öl (2 EL) im Topf erhitzen und das Hackfleisch darin krümelig braten. Mit 1 TL Salz würzen, das Tomatenmark kurz mitschwitzen und alles mit Wein und passierten Tomaten auffüllen. Das Gemüse in den Topf zum Fleisch-Tomaten-Mix geben und alles vermengen. Die Chilischote grob zerbröseln und zufügen. Die Bolognese offen mindestens 40 Minuten bei schwacher Hitze köcheln lassen, dabei immer wieder umrühren. Je länger das Ragout köchelt, desto geschmacksintensiver wird es.

- Inzwischen die Zucchini waschen, putzen, trocken tupfen und mithilfe eines Spiralschneiders in »Spaghetti« schneiden. In einer Schüssel mit dem Salz vermengen und 10 Minuten ziehen lassen. Die entstandene Flüssigkeit abgießen.

- Die Nudeln mit dem Öl in einen großen Topf geben, langsam erhitzen und etwa 2 Minuten garen. Bei Bedarf noch etwas Wasser angießen. Die Zucchini-Nudeln sollten bissfest sein.

- Die Bolognese mit Salz abschmecken und mit den Zucchini-Nudeln auf vier Teller verteilen. Mit den Parmesanspänen bestreut servieren.

# LOW-CARB-RAMEN-SUPPE

**Für 4 Personen**

**800 g Hähnchenbrustfilets mit Haut**

**Salz**

**4 Zwiebeln**

**800 g Zucchini**

**2–3 EL Sojasauce**

**frisch gemahlener schwarzer Pfeffer**

**4 Eier (Größe M)**

**1 Bund Koriandergrün**

**⏲ 20 Min + 30 Min Ruhezeit + 2 h Garzeit**

**Nährwerte pro Portion:**
**Kcal 322 | E 57 g | F 7 g | KH 5 g**

- Die Hähnchenbrustfilets etwa 30 Minuten vor der Zubereitung aus dem Kühlschrank nehmen. Dann leicht salzen und in einen großen Topf legen. Die Zwiebeln abziehen, in Streifen schneiden und auf die Filets legen. So viel Wasser angießen, dass Fleisch und Zwiebeln gerade damit bedeckt sind. Langsam zum Köcheln bringen, dann bei schwacher Hitze 2–2 ½ Stunden im offenen Topf köcheln lassen.

- Die Hähnchenbrustfilets anschließend aus der Brühe nehmen, die Haut entsorgen und das Fleisch mithilfe von zwei Gabeln fein zerzupfen. Die Brühe durch ein Sieb passieren und das Fleisch wieder dazugeben.

- Die Zucchini waschen, putzen, trocken tupfen und mithilfe eines Spiralschneiders in »Spaghetti« schneiden. In einer Schüssel mit ½ TL Salz vermengen und 10 Minuten ziehen lassen. Die entstandene Flüssigkeit abgießen.

- Dann die Zucchininudeln in die Brühe geben und alles 1–2 Minuten aufköcheln lassen. Die Suppe mit der Sojasauce sowie Salz und Pfeffer abschmecken.

- Die Eier in kochendem Wasser in 6 Minuten wachsweich kochen, abschrecken und pellen.

- Die Suppe auf vier Suppenschalen verteilen und jeweils ein halbiertes Ei daraufsetzen. Den Koriander waschen, trocken schütteln und die Blätter abzupfen. Auf die Suppe geben und das Ei mit etwas Salz bestreuen.

TIPP

**Brühe und Hähnchenfleisch lassen sich bereits gut am Vortag zubereiten!**

# CAULIFLOWER FRIED RICE

**Für 4 Personen**

**FÜR DEN BLUMENKOHL**
- 2 Schalotten
- 1 Knoblauchzehe
- 2 EL Butter
- 1 großer Blumenkohl
- ½ TL Salz
- ½ TL Currypulver
- 50 ml Gemüsebrühe
- 3 EL Sesam
- 1 Stück Ingwer (4 cm)
- 1 getrocknete Chilischote
- 3 EL Sojasauce
- abgeriebene Schale und Saft von ½ Bio-Zitrone
- 4 Eier (Größe M)

**FÜR DAS GEMÜSE**
- 250 g kleine, junge Karotten
- 1 EL Butter
- 400 g Erbsen (TK)
- Salz

**FÜR DEN KRÄUTERQUARK**
- 250 g Quark
- 150 g saure Sahne
- 5 EL gehackte gemischte Kräuter
- ½ TL Zitronensaft
- Salz

**⏲ 30 Min**

**Nährwerte pro Portion:**
**Kcal 521 | E 30 g | F 28 g | KH 28 g**

- Schalotten und Knoblauch abziehen und fein würfeln. Die Butter in einer großen Pfanne erhitzen und die Schalotten- und Knoblauchwürfel darin bei schwacher Hitze etwa 5 Minuten anschwitzen, dabei öfter umrühren.

- Den Blumenkohl von den äußeren Blättern befreien und putzen. Dann waschen, trocken tupfen, grob zerteilen und im Mixer oder auf einer groben Reibe zerkleinern, sodass eine Art Blumenkohl-»Reis« entsteht. Salz und Currypulver gründlich mit den Händen untermengen (dabei am besten Küchenhandschuhe tragen). Dann zu den Schalotten geben und kurz mitdünsten. Die Brühe angießen und alles offen 1–2 Minuten köcheln lassen. Der Blumenkohl sollte nicht zu weich werden.

- Die Karotten putzen, waschen und trocken tupfen. Die Butter in einem Topf erhitzen und die Karotten im Ganzen darin 5–6 Minuten dünsten. Erbsen zugeben, alles leicht mit Salz würzen und bei mittlerer Hitze noch etwa 7 Minuten garen.

- Den Sesam in einer Pfanne ohne Fett bei mittlerer Hitze unter Rühren rösten, bis er duftet. Ingwer schälen und reiben. Chilischote zerbröseln und mit Ingwer, Sesam, Sojasauce, Zitronenschale und -saft, Erbsen und Karotten zum Blumenkohl-»Reis« geben. Die Eier verquirlen, unter das Gemüse rühren und bei schwacher Hitze 3–4 Minuten stocken lassen, dabei immer wieder vermengen. Auf vier Teller verteilen.

- Quark, saure Sahne, 4 EL Kräuter und Zitronensaft verrühren, mit Salz abschmecken. In ein Schälchen füllen und mit den restlichen Kräutern (1 EL) bestreuen. Zum Cauliflower Fried Rice servieren.

**TIPP**

**Die äußeren Blumenkohlblätter können fein geschnitten und wie Salat mariniert werden.**

# CLEVER SNACKEN

Zwei bis drei Mahlzeiten am Tag werden von Medizinern für eine gesunde Ernährung empfohlen. Doch was tun, wenn zwischendurch doch mal eine Heißhungerattacke kommt? Hier finden Sie leichte und leckere Snack-Ideen im Clever-Carb-Style – einige für unterwegs, andere für zu Hause oder fürs Büro.

(1)

## BESSER GEMÜSE STATT OBST

Obst enthält meist schon von Natur aus große Mengen Fruchtzucker und ist in der Low-Carb-Ernährung somit nur in eher kleineren Mengen und bewusst zu genießen. Wer zwischendurch Heißhunger bekommt, sollte im Hinblick auf einen niedrigen Blutzuckerspiegel besser zu Gemüse als zu süßen Früchten greifen. Kleine Tomaten, Gurkenscheiben oder Snack-Gurken, Mini-Karotten, Paprikastreifen oder Sellerie-Sticks eignen sich hervorragend als Low-Carb-Snack und passen – gut verpackt in einer Dose – auch perfekt in die Tasche für unterwegs.

(2)

## KÄSE GEHT IMMER

Käse ist aus einer vielfältigen Low-Carb-Ernährung kaum wegzudenken. Als Topping auf dem Salat, gebacken im Gemüse-Päckchen aus dem Ofen oder einfach pur. Suchen Sie sich regelmäßig neue Käsesorten aus, die Sie probieren möchten. Für unterwegs sind nussige, nicht allzu kräftige Sorten ideal, am besten in Würfeln. Cremige Käsesorten eignen sich dagegen besser als Snack abends auf dem Sofa. Zu Hause hilft ein Käsehobel, die Mengen im Auge zu behalten. Außerdem schmeckt frisch gehobelter Käse besonders cremig und schmelzend – es lohnt sich, den Unterschied einmal zu testen.

③

## GEHEIMTIPP GEMÜSEBRÜHE

Nicht nur beim Kochen ist es ratsam, immer etwas frisch gekochte Brühe im Kühlschrank zu haben. Denn auch bei Heißhunger zwischendurch kann ein Becher warme Gemüsebrühe Wunder wirken – gerade in der kalten Jahreszeit. Wer keine selbst gemachte Brühe zur Hand hat, kauft sich einfach fertige Fonds im Glas. Mit ein paar frisch gehackten Kräutern (zum Beispiel Koriandergrün) lässt sich die Brühe im Nu verfeinern. Übrigens: Wer Bio-Gemüse verarbeitet, wirft die Schalen von Karotten, Pastinaken, Zwiebeln & Co. nicht weg, sondern kocht sie mit ein bis zwei Zwiebeln und etwas Salz aus: Fertig ist die Basis für eine feine Gemüsebrühe.

④

## DUNKLE SCHOKOLADE

Manchmal muss es einfach Schokolade sein, jeder kennt diesen Moment. Dann am besten nicht zu heller Vollmilchschokolade oder weißer Schokolade greifen, sondern zu dunklen Sorten mit mindestens 80 Prozent Kakaoanteil. Ihr Vorteil: Der Kakaoanteil ist hoch, der Zuckeranteil dafür gering. Dementsprechend schnellt der Blutzuckerspiegel nach dem Genuss von dunklen Sorten auch nicht so stark in die Höhe wie bei den hellen Schololadensorten.

⑤

## NÜSSE & KERNE

Nüsse enthalten viele wertvolle Fette und wenig Kohlenhydrate. Und die Kohlenhydrate, die sie liefern, zählen zu den »guten«, die den Blutzuckerspiegel nur sehr langsam ansteigen lassen. Es bietet sich also an, immer eine Dose mit beispielsweise gerösteten Erdnüssen, Walnuss- oder Cashewkernen zur Hand zu haben. Wer mag, aromatisiert die Nüsse beim Rösten mit einem Hauch Öl und Gewürzen wie Currypulver, geräuchertem Paprikapulver oder der nordafrikanischen Gewürzmischung Ras el-Hanout.

⑥

## DER EIS-TRICK

Gemüsesäfte, intensiv aufgegossene Tees oder Tee-Gemüse-Mix-Getränke können Sie statt Fruchtsäften in Eisförmchen füllen und im Froster gefrieren lassen. So kommt ein Wassereis mit ganz wenig Zucker und kaum Kohlenhydraten daher, aber mit maximal erfrischendem Geschmack!

# CLEVER TRINKEN: SPRITZIGE TEES & GEMÜSE IM GLAS

Jeder kennt ihn: Den kleinen »Hunger« zwischendurch, der sich dann doch als Durst erweist. Wasser ist oft zu langweilig, Obstsäfte bestehen nahezu komplett aus Fruchtzucker. Hier ist die Alternative: einfache, schnell gemixte Drinks mit kaum Kohlenhydraten.

Der wohl einfachste Weg zu mehr Pep im Glas ist aromatisiertes Wasser. Leitungs- oder Sprudelwasser lässt sich schon mit wenigen Zutaten aufpeppen und interessant abschmecken. Für solch ein Infused Water beispielsweise je nach Geschmack eine angedrückte Zitronengrasstange mit Ingwerscheiben, Rosmarinzweigen, einigen Basilikumblättern oder Zitronenscheiben hineingeben. Die Zutaten gegebenenfalls leicht zerstoßen, damit sich Geschmack und Aromen besser verteilen. Nach Belieben im Kühlschrank ziehen lassen, fertig! Auf Eiswürfeln serviert ist das nicht nur an heißen Tagen ein köstlicher Durstlöscher.

Beim Zusammenstellen der verschiedenen Geschmacksrichtungen sind der Kreativität natürlich keine Grenzen gesetzt: Wem Ingwer allein zu scharf oder zu würzig ist, kombiniert ihn mit Minzblättern und Zitronenscheiben. Zu Basilikumblättern passt ein Zweig Rosmarin sowie auch eine Zitronengrasstange. Dosiert darf auch gern zu gefrorenen Früchten gegriffen werden: Eine Handvoll gefrorene Himbeeren geben wunderbar fruchtige Aromen ins Wasser, das sich perfekt mit etwas Minze abrunden lässt. Auch Heidelbeeren eignen sich zum Aromatisieren. Ach ja: Schick ist Infused Water mit all den schönen Kräutern und Früchten meist auch noch: Da ist die Karaffe auf dem Tisch dann schon ein Hingucker für sich!

## 1 SPARKLING TEA

Tee ist neben Wasser das wohl wichtigste Low-Carb-Lebensmittel. Denn abgesehen von gezuckerten Sorten, die kandierte Trockenfrüchte enthalten (Achtung!), schlägt Tee ansonsten mit keinerlei Kalorien oder Zucker zu Buche. Genießen ist also absolut erlaubt und erwünscht! Und Tee muss nicht immer nur frisch aufgebrüht getrunken werden. Viele Sorten eignen sich auch für kalte und schnell gemixte Tee-Drinks. In konzentrierter Form kann man Tee auch mit Eiswürfeln und kaltem Wasser kombinieren. Gerade Kräuterteemischungen auf Zitronen-Ingwer-Basis sind auf diese Weise die ideale Grundlage für erfrischende Sommercocktails – und zwar komplett ohne Zucker.

(2)

## SELBST ENTSAFTEN

Wer sich genauer mit der Low-Carb-Ernährung beschäftigt, wird Augen machen, welche Zuckermengen sich in Fruchtsäften verbergen: Daher sind die süßen Säfte auch nicht als Durstlöscher im Alltag geeignet. Sie sollten nur ab und zu ein »Genuss-Highlight« sein. Selbst das Kohlenhydratkonto eines gesunden Sportlers würde sonst viel zu stark belastet! Ein erster Schritt, die Zuckerzufuhr durch Säfte zu reduzieren, sind Saftschorlen.

Am besten aus Gemüse statt Obst. Klar, auch Karotten, Tomaten oder Sellerie enthalten Kohlenhydrate. Doch zum einen sind sie im Vergleich zu Apfel, Maracuja und Trauben in der Menge reduziert, zum anderen sind es die komplexen Kohlenhydrate, die vom Körper langsamer aufgenommen werden, sodass der Blutzuckerspiegel nicht so rasch ansteigt. Gemüsesäfte sind mittlerweile in vielen Sorten erhältlich. Noch besser aber: selbst entsaften! Karotten, Tomaten, Salatgurken & Co. lassen sich mit einem Entsafter im Nu zu Säften verarbeiten.

Besonders erfrischend sind Gemüsesäfte als prickelnde Schorle: Einfach einen Teil Gemüsesaft ins Glas geben und mit Eiswürfeln und Sprudelwasser auffüllen. Wer weiter experimentieren möchte, mixt sich eigene Gemüse-Cocktails, die zum Beispiel mit Joghurt, Kräutern, wenigen Tropfen Essig, Öl und vielleicht auch etwas gehackter Chilischote verfeinert werden können. Leckere Rezepte gibt's auf den folgenden Seiten.

(3)

## KAFFEE UND TEE

Sowohl Kaffee als auch Tee sind absolut Low-Carb-tauglich, wenn man sie ohne Zucker trinkt. Wer sie normalerweise lieber gesüßt trinkt, sollte mal probieren, sich die Süße innerhalb von zwei bis drei Wochen konsequent abzugewöhnen. Wer zunehmend ohne Zuckerzusatz auskommt, hat es im Alltag automatisch leichter, nach der Low-Carb-Idee zu leben.

# INFUSED WATER & SPARKLING TEA

Raffinierte Tee-Drinks und Infused Water schmecken nicht nur im Sommer. Je nach gewünschtem Geschmack lassen sich das ganze Jahr über spannende Kreationen mixen, die auf dem Kalorien- und Kohlenhydrat-Konto kaum zu Buche schlagen.

①

## HIMBEER-MINZ-WASSER

**Ergibt 1 Liter**
6–7 Eiswürfel | 3 EL Himbeeren (TK) | 2 große Stängel Minze | 1 l Leitungswasser (oder Sprudelwasser)

**Zubereitung:** Die Eiswürfel mit den Himbeeren in eine Karaffe geben. Die Minze waschen und ebenfalls in die Karaffe geben. Alles mit dem Wasser auffüllen. Entweder direkt servieren oder für ein intensiveres Geschmackserlebnis vor dem Servieren noch mindestens 2 Stunden (oder über Nacht) kühl stellen (siehe Infokasten Seite 116).

**Tipp:** Wer's extra spicy mag, gibt noch 1 Msp. frisch geriebenen Ingwer mit ins Glas!

②

## INGWER-ZITRONEN-WASSER MIT MINZE

**Ergibt 1 Liter**
6–7 Eiswürfel | 1 Stück Bio-Ingwer (8 cm) | 2–3 Stängel Minze | 3 Scheiben Bio-Zitrone | 1 l Leitungswasser (oder Sprudelwasser)

**Zubereitung:** Die Eiswürfel in eine Karaffe geben. Den Ingwer gut waschen und in dünne Scheiben schneiden. Die Minze ebenfalls waschen. Die Zitronenscheiben nach Belieben halbieren und mit Ingwer und Minze in die Karaffe geben. Alles mit dem Wasser auffüllen. Entweder direkt servieren oder für ein intensiveres Geschmacks-

erlebnis vor dem Servieren noch mindestens 2 Stunden (oder über Nacht) kühl stellen (siehe Infokasten).

### EISKALT SERVIERT

Besonders gut schmeckt Infused Water, wenn man es nach der Ziehzeit mit Eiswürfeln auf Gläser verteilt und nach Belieben mit frischem, gekühltem Sprudelwasser auffüllt. So wird es extra erfrischend!

3

## HEIDELBEER-ZITRONENMELISSEN-WASSER

**Ergibt 1 Liter**
6–7 Eiswürfel | 2 große Stängel Zitronenmelisse | 3 EL Heidelbeeren (TK) | 1 l Leitungswasser (oder Sprudelwasser)

**Zubereitung:** Die Eiswürfel in eine Karaffe geben.Die Zitronenmelisse waschen und mit den Heidelbeeren in die Karaffe geben. Alles mit dem Wasser auffüllen. Entweder direkt servieren oder für ein intensiveres Geschmackserlebnis vor dem Servieren noch mindestens 2 Stunden (oder über Nacht) kühl stellen (siehe Infokasten).

4

## GURKEN-BASILIKUM-WASSER MIT ZITRONE

**Ergibt 1 Liter**
¼ Bio-Salatgurke mit Schale | 3 Stängel Basilikum | 6–7 Eiswürfel | 3 Scheiben Bio-Zitrone | 1 l Leitungswasser (oder Sprudelwasser)

**Zubereitung:** Die Gurke waschen und in Scheiben schneiden. Das Basilikum waschen. Beides mit Eiswürfeln und Zitronenscheiben in eine große Karaffe geben. Mit dem Wasser auffüllen. Entweder direkt servieren oder für ein intensiveres Geschmackserlebnis vor dem Servieren noch mindestens 2 Stunden (oder über Nacht) kühl stellen (siehe Infokasten).

### SPARKLING TEA

Die Idee ist einfach: Sie bereiten den Tee wie gewohnt zu, verwenden allerdings die Hälfte der üblichen Wassermenge und stellen so ein Konzentrat her. Dieses Konzentrat kühlt ab und wird mit Eiswürfeln und kaltem Sprudelwasser zu einem Sparkling Tea aufgegossen. Diese schnelle und einfache Erfrischung lässt sich mit passenden Kräutern wie Basilikum, Minze oder Zitronenmelisse verfeinern. Auch frischer Ingwer, Zitronengras oder ein paar gefrorene Früchte wie Heidelbeeren oder Himbeeren verleihen dem Sparkling Tea das gewisse Etwas. Das schmeckt nicht nur sensationell gut, sondern sieht auch so aus!

5

## SPARKLING GINGER-TEA

**Ergibt 1 Liter**
5 geh. TL Kräutertee (z. B. Lemon-Ginger) | 6–7 Eiswürfel | etwa 500 ml Sprudelwasser

**Zubereitung:** Den Tee in einen Teefilter geben, in eine Teekanne hängen und mit 500 ml kochendem Wasser aufbrühen. Den Tee 8–10 Minuten ziehen lassen. Danach den Teefilter entfernen und den Tee ganz abkühlen lassen. Eine große Karaffe mit den Eiswürfeln füllen. Den Tee hineingießen und die Karaffe mit dem Sprudelwasser auffüllen. Direkt servieren.

⑥

## SPARKLING WILD-BERRY-TEA

**Ergibt 1 Liter**
6 geh. TL Früchtetee (z. B. Wild Berry) | 6–7 Eiswürfel | etwa 500 ml Sprudelwasser

**Zubereitung:** Den Tee in einen Teefilter geben, in eine Teekanne hängen und mit 500 ml kochendem Wasser aufbrühen. Den Tee 8–10 Minuten ziehen lassen. Danach den Teefilter entfernen und den Tee ganz abkühlen lassen. Eine große Karaffe mit den Eiswürfeln füllen. Den Tee hineingießen und die Karaffe mit dem Sprudelwasser auffüllen. Direkt servieren.

⑦

## SPARKLING PINEAPPLE-TEA

**Ergibt 1 Liter**
6 geh. TL Früchtetee (z. B. Pineapple) | 6–7 Eiswürfel | etwa 500 ml Sprudelwasser

**Zubereitung:** Den Tee in einen Teefilter geben, in eine Teekanne hängen und mit 500 ml kochendem Wasser aufbrühen. Den Tee 8–10 Minuten ziehen lassen. Danach den Teefilter entfernen und den Tee ganz abkühlen lassen. Eine große Karaffe mit den Eiswürfeln füllen. Den Tee hineingießen und die Karaffe mit dem Sprudelwasser auffüllen. Direkt servieren.

### SELBST ENTSAFTEN

Wer erst mal mit der Zubereitung von eigenen Gemüse- und Kräutersäften angefangen hat, wird schwer die Finger davonlassen können: Denn ein so einfacher wie schnell gemachter Mix aus Tomate, Paprika und Staudensellerie, der dann mit Eiswürfeln getoppt wird, macht definitiv Lust auf mehr!

⑧

## TOMATEN-PAPRIKA-DRINK »BLOODY MARY-STYLE«

**Für 2 Gläser**
500 g Kirschtomaten | 2 rote Paprikaschoten | 2 Stangen Staudensellerie | 1 sehr kleine getrocknete Chilischote | 1 TL Olivenöl | Salz | 8 Eiswürfel

**Zubereitung:** Das Gemüse waschen. Die Tomaten halbieren. Die Paprika halbieren, putzen und in Streifen schneiden. Den Sellerie putzen und grob schneiden. Alles nacheinander entsaften. Die Chilischote zerbröseln. Den Saft mit Chilischote, Öl und Salz abschmecken und auf die Eiswürfel in zwei Gläsern gießen.

**Tipp:** Der Drink passt toll zum Grillfest und ist ein idealer Begleiter für alle, die auf Alkohol verzichten möchten.

9

## GURKEN-STAUDENSELLERIE-DRINK MIT FENCHEL

**Für 2 Gläser**
1 Bio-Salatgurke | 2 Stangen Staudensellerie | 1 große Fenchelknolle | Saft von ¼ Zitrone | 8 Eiswürfel

**Zubereitung:** Gurke, Sellerie und Fenchel waschen und nacheinander entsaften. Den Saft mit etwas Zitronensaft abschmecken und auf die Eiswürfel in zwei Gläsern gießen.

**Tipp:** Dieser Drink ist der perfekte Wachmacher am Morgen! Und er schmeckt auch toll als kalte Gemüsesaft-Schorle mit ein wenig frischem Ingwer abgeschmeckt.

10

## KAROTTEN-PAPRIKA-DRINK MIT CURRYPULVER

**Für 2 Gläser**
600 g Bio-Karotten | 1 orangefarbene Paprikaschote | 1 Msp. Currypulver | ½ TL Olivenöl | 8 Eiswürfel

**Zubereitung:** Die Karotten gut waschen, putzen und gern mit Schale verwenden. Die Paprika waschen, halbieren, putzen. Beides grob schneiden und nacheinander entsaften. Den Saft mit Currypulver und Öl abschmecken und auf die Eiswürfel in zwei Gläsern gießen.

**Tipp:** Perfekt als flüssiges Frühstück oder in kleinen Portionen als Shots fürs Brunch-Büfett!

### GEMÜSE ENTSAFTEN

Wer nach der Low-Carb-Idee lebt, sollte vor allem kohlenhydratarme Gemüsesorten entsaften. Obst enthält jede Menge Fruchtzucker, der den Blutzuckerspiegel rasch ansteigen lässt. Am besten Bio-Gemüse verwenden, so lassen sich bei Gurken, Möhren, Pastinaken & Co. die Schalen einfach mitentsaften. Übrigens: Das Öl in den Drinks lässt die Gewürze besser zum Vorschein kommen und unterstützt die Aufnahme fettlöslicher Vitamine.

B

N

S

E

D

E

E

N

# RÖSTPAPRIKASALAT AUF ORIENTALISCHEM JOGHURT

**Für 4 Personen als Vorspeise**

**FÜR DIE JOGHURTCREME**

**1 Sellerieknolle (etwa 800 g)**

**Salz**

**200 ml Milch**

**500 g griechischer Joghurt**

**1 Msp. gemahlener Kreuzkümmel**

**abgeriebene Schale und Saft von 1 Bio-Zitrone**

**3 EL Olivenöl**

**FÜR DEN RÖSTPAPRIKA-SALAT**

**4 Paprikaschoten (rot, gelb, orange)**

**1 rote Zwiebel**

**1 Knoblauchzehe**

**3 EL Olivenöl**

**100 g Rucola**

**1 Msp. gemahlener Kreuzkümmel**

**1 Msp. Chiliflocken**

**abgeriebene Schale und Saft von 1 Bio-Zitrone**

**2–3 EL Granatapfelkerne**

**ZUM ANRICHTEN**

**60 g Walnusskerne**

**200 g Feta**

**4 TL Olivenöl (nach Belieben)**

**⏲ 45 Min**

**Nährwerte pro Portion:**
**Kcal 670 | E 21 g | F 52 g | KH 20 g**

- Für die Joghurtcreme den Sellerie schälen, waschen, in walnussgroße Würfel schneiden und mit 1 TL Salz und Milch in einem großen Topf vermengen. Unter Rühren zum Kochen bringen. Zugedeckt bei schwacher Hitze etwa 25 Minuten köcheln lassen, zwischendurch öfter umrühren. Anschließend mit dem Stabmixer sehr fein pürieren und nach Belieben durch ein Sieb passieren. Das Püree abkühlen lassen.

- Inzwischen den Backofen auf 165 °C (Umluft) vorheizen. Die Paprika waschen, halbieren, putzen und in Streifen schneiden. Zwiebel und Knoblauch abziehen, beides fein würfeln und mit Paprikastreifen, ½ TL Salz und Öl in einer Auflaufform vermengen. Im Ofen etwa 25 Minuten garen. Anschließend lauwarm abkühlen lassen.

- Den Rucola waschen, trocken schleudern und die groben Stiele entfernen. Die Rucolablätter mit Kreuzkümmel, Chiliflocken, Zitronenschale und -saft sowie den Granatapfelkernen unter das Paprikagemüse heben.

- Joghurt unter das abgekühlte Selleriepüree ziehen und alles mit Kreuzkümmel, Zitronenschale, -saft und Öl abschmecken. Dann die Joghurtcreme auf vier tiefe Teller verteilen.

- Die Walnüsse grob hacken und in einer Pfanne ohne Fett bei mittlerer Hitze unter Rühren rösten, bis sie duften. Den noch lauwarmen Röstpaprikasalat auf der Joghurtcreme anrichten. Feta zerbröseln und mit den Nüssen daraufgeben. Nach Belieben mit Öl beträufelt servieren.

**TIPP**

Wer keine Sahnesyphon-Flasche hat, püriert 400 g Feta und 200 g Joghurt einfach mit dem Stabmixer zu einer dickeren Creme und stellt sie nach dem Abschmecken kalt. Dann zu dem Zucchini-Mango-Salat servieren.

# ZUCCHINI-MANGO-SALAT AUF FETA-SCHAUM MIT GRANOLA

**Für 4 Personen**

**FÜR DEN FETA-SCHAUM**

**200 g Feta**

**200 g Joghurt**

**½ Knoblauchzehe**

**Salz**

**FÜR DEN ZUCCHINI-SALAT**

**1 kg Zucchini**

**1 TL Salz**

**1 Mango**

**abgeriebene Schale und Saft von 1 kleinen Bio-Zitrone**

**4 EL Olivenöl**

**¼ TL Currypulver**

**frisch gemahlener schwarzer Pfeffer**

**FÜR DAS CURRY-GRANOLA**

**8 EL Granola (siehe Rezept Seite 26)**

**1 TL Sonnenblumenöl**

**½ TL Currypulver**

**AUSSERDEM**

**Sahnesyphon-Flasche**

**2 Stickstoffkapseln**

**2 TL rote Rettichkresse (nach Belieben)**

**25 Min**

**Nährwerte pro Portion:**
**Kcal 544 | E 21 g | F 39 g | KH 21 g**

- Den Feta fein zerbröseln und mit dem Joghurt in einem Mixer fein pürieren, bis die Masse leicht dickflüssig ist. Knoblauch abziehen und durch die Presse drücken. Die Feta-Creme mit Knoblauch und Salz abschmecken, anschließend in eine Sahnesyphon-Flasche geben, die Flasche mit zwei Stickstoffkapseln versehen, gut schütteln und bis zum Servieren kühl stellen.

- Inzwischen die Zucchini waschen, putzen, trocken tupfen und mithilfe eines Spiralschneiders in »Spaghetti« schneiden, dann mit einem Messer kleiner schneiden. In einer Schüssel mit dem Salz vermengen und 10 Minuten ziehen lassen. Die entstandene Flüssigkeit abgießen.

- Die Mango schälen, das Fruchtfleisch vom Stein schneiden und würfeln. Mit Zitronenschale und -saft zu den Zucchini-Nudeln geben, alles gut vermengen und mit Öl, Currypulver und Pfeffer kräftig abschmecken.

- Das Granola in eine Pfanne geben und mit Öl und Currypulver gut vermengen. Dann langsam bei mittlerer Hitze unter Rühren nachrösten, bis es duftet. Die Pfanne vom Herd nehmen.

- Den Feta-Schaum in vier Schalen spritzen. Dann den Zucchini-Mango-Salat darauf anrichten und alles mit dem Curry-Granola und nach Belieben mit Rettichkresse bestreut servieren.

# KAROTTEN-KOKOS-SUPPE MIT HÄHNCHEN UND KORIANDERGRÜN

**Für 4 Personen**

**FÜR DIE SUPPE**

**2 Schalotten**

**2 EL Sonnenblumenöl**

**1,5 kg Karotten**

**1 TL Currypulver**

**500 ml Gemüsebrühe, plus mehr zum Verlängern**

**200 ml Kokosmilch**

**Saft von ½ Orange**

**1 kleine getrocknete Chilischote**

**1 Stück Ingwer (4 cm)**

**600 g Hähnchenbrustfilets**

**Salz**

**1 Bund Koriandergrün**

**ZUM ANRICHTEN**

**4 EL Sesam**

**einige Blätter Koriandergrün**

**Karotten-Chips (nach Belieben; siehe Tipp Seite 127)**

**⏲ 20 Min + 40 Min Garzeit**

**Nährwerte pro Portion:**
**Kcal 513 | E 42 g | F 23 g | KH 26 g**

- Die Schalotten abziehen und fein würfeln. Das Öl in einem großen Topf erhitzen und die Schalottenwürfel darin bei mittlerer Hitze etwa 3 Minuten anschwitzen, dabei öfter umrühren. Die Karotten schälen, putzen und in dünne Scheiben schneiden. Mit dem Currypulver in den Topf geben, alles gut vermengen und die Brühe angießen. Zugedeckt etwa 25 Minuten köcheln lassen.

- Dann Kokosmilch und Orangensaft angießen. Die Chilischote grob zerbröseln. Den Ingwer schälen, reiben und mit der Chilischote in den Topf geben, alles mit dem Stabmixer sehr fein pürieren. Je nach gewünschter Konsistenz noch mehr Brühe angießen.

- Die Hähnchenbrustfilets in 2–3 cm dicke Würfel oder Streifen schneiden, leicht salzen. In die leicht köchelnde Suppe geben und darin etwa 15 Minuten gar ziehen lassen. Den Koriander waschen, trocken schütteln, Blätter abzupfen und fein hacken. Unter die Suppe heben und 2–3 Minuten darin ziehen lassen.

- Den Sesam in einer Pfanne ohne Fett bei mittlerer Hitze unter Rühren rösten, bis er duftet. Die Karotten-Kokos-Suppe mit Salz abschmecken und auf vier Schälchen verteilen. Die Korianderblätter waschen und mit dem gerösteten Sesam sowie nach Belieben mit Karotten-Chips auf der Suppe anrichten.

TIPP

**Für selbst gemachte Karotten-Chips ein bis zwei Karotten mit dem Sparschäler in dünne Scheiben hobeln. Etwas Sonnenblumenöl in einem Topf erhitzen und die Karottenstreifen portionsweise darin frittieren. Auf Küchenpapier abtropfen lassen.**

# BABA-GANOUSH-SALAT MIT GRANATAPFEL UND WALNÜSSEN

**Für 4 Personen als Vorspeise oder Beilage**

**6 Auberginen**

**1 rote Zwiebel**

**1 Knoblauchzehe**

**5 EL Olivenöl**

**½–1 TL Salz**

**abgeriebene Schale und Saft von ½ Bio-Zitrone**

**¼ TL gemahlener Kreuzkümmel**

**75 g Walnusskerne**

**3 Stängel Koriander**

**2 EL Granatapfelkerne**

**15 Min + 45 Min Backzeit**

**Nährwerte pro Portion:**
**Kcal 344 | E 8 g | F 26 g | KH 14 g**

- Den Backofen auf 150 °C (Umluft) vorheizen. Die Auberginen waschen und im Ganzen auf den Rost legen, im Ofen etwa 45 Minuten backen. Die Schale anschließend abziehen, das weiche Auberginenfruchtfleisch würfeln und in eine Schüssel geben.

- Zwiebel und Knoblauch abziehen. Die Zwiebel fein würfeln, den Knoblauch durch die Presse drücken und beides mit 3 EL Öl unter die Auberginenwürfel rühren. Mit Salz, Zitronenschale, -saft und Kreuzkümmel abschmecken.

- Die Walnusskerne grob hacken und in einer Pfanne ohne Fett bei mittlerer Hitze unter Rühren rösten, bis sie duften. Den Koriander waschen, trocken schütteln und die Blätter abzupfen, nach Belieben grob hacken.

- Den Baba-Ganoush-Salat auf vier Schälchen verteilen und am besten noch lauwarm mit den Granatapfelkernen, gerösteten Nüssen und Korianderblättern garnieren. Das restliche Öl (2 EL) darüberträufeln.

TIPP

**Der Salat lässt sich im Voraus zubereiten und im Kühlschrank aufbewahren. Dann aber rechtzeitig aus dem Kühlschrank nehmen und mindestens bei Zimmertemperatur servieren. Vor dem Essen abschmecken.**

# WENN GÄSTE KOMMEN: REZEPTE VARIIEREN UND KOMBINIEREN

Viele Rezepte in diesem Buch sind Hauptspeisen, einige aber auch Vorspeisen oder Zwischengänge. Meist lassen sich Mengen und Portionsgrößen so anpassen, dass aus Vorspeisen Hauptspeisen werden und umgekehrt – praktisch für ein Büfett oder Menü!

## VORSPEISE, HAUPTSPEISE, NACHTISCH?

Diese Reihenfolge ist klassisch. Doch wer sagt eigentlich, dass ein Menü immer so aussehen muss? Gerade für ein Essen im Low-Carb-Style bietet es sich an, auf einen süßen Nachtisch zu verzichten. Stattdessen lieber eine Vorspeise oder einen Zwischengang mehr einplanen. Oder wie wäre es, mal viele Kleinigkeiten zum Probieren in die Mitte des Tischs zu stellen? So können sich alle Gäste gangübergreifend davon bedienen. Aus diesem Buch würden sich der Low-Carb-Nudelsalat mit Feta und getrockneten Tomaten (siehe Rezept Seite 132) zum Beispiel sehr gut mit dem lauwarmen Baba-Ganoush-Salat (siehe Rezept Seite 128), der Sellerie-Joghurt-Creme mit Rote Bete und Kreuzkümmel (siehe Rezept Seite 148) sowie den Ofen-Hähnchenschenkeln mit zweierlei Karotten (Rezept siehe Seite 152) auf einem bunten Sommer-Büfett machen.

## FLEISCH STATT FISCH? KORIANDERGRÜN STATT PETERSILIE?

Ein Rezept ist in der Regel als Leitfaden für eine interessante Zutatenkombination und -zubereitung zu verstehen. Ihnen gefällt der gebratene Skrei mit zweierlei Pastinaken und gerösteten Kürbiskernen (siehe Rezept Seite 162) – das Dill-Öl aber stört Sie? Kein Problem: Überlegen Sie einfach, welches Kraut stattdessen gut zu den verwendeten Zutaten passen würde und welche Geschmacksrichtung Ihre Gäste vielleicht lieber mögen. In diesem Fall könnte zum Beispiel Koriander den Dill hervorragend in

dem Kräuteröl ersetzen. Oder, ganz anders: Das Gericht an sich finden Sie super, möchten aber keinen Fisch, sondern lieber Geflügel servieren? Dann verwenden Sie anstelle der gebratenen Skrei-Filets einfach gebratene Maishähnchenbrustfilets. Sie können die Rezepte also nicht nur originalgetreu nachkochen, sondern auch dank eigener Ideen verändern und anpassen.

Betrachten Sie die Rezepte also als Idee und vor allem als Einladung, innerhalb der geeigneten Low-Carb-Zutaten ein wenig zu experimentieren und Neues kennenzulernen. Stück für Stück werden Sie mit der Lektüre und Nutzung dieses Buches eine genaue Vorstellung davon bekommen, was Low Carb bedeutet, was Low-Carb-tauglich ist und was nicht. Im Prinzip können Sie die passenden Low-Carb-Zutaten also nach Herzenslust oder persönlichem Geschmack stets tauschen und variieren – und so wird es auch garantiert nie langweilig auf dem Teller.

# LOW-CARB-NUDELSALAT MIT FETA UND GETROCKNETEN TOMATEN

**Für 4 Personen als Vorspeise oder Beilage**

**1,2 kg Zucchini**

**Salz**

**1 Schalotte**

**1 Knoblauchzehe**

**150 g getrocknete Tomaten in Öl, gut abgetropft**

**abgeriebene Schale und Saft von 1 Bio-Zitrone**

**1 Msp. gemahlener Kreuzkümmel**

**½ Bund Minze**

**1 Bund Koriandergrün**

**1 kleine getrocknete Chilischote**

**3 EL Olivenöl**

**frisch gemahlener schwarzer Pfeffer**

**ZUM ANRICHTEN**

**80 g Pinienkerne**

**200 g Feta**

**30 Min**

**Nährwerte pro Portion:**
**Kcal 486 | E 20 g | F 37 g | KH 12 g**

- Die Zucchini waschen, putzen, trocken tupfen und mithilfe eines Spiralschneiders in »Spaghetti« schneiden. In einer Schüssel mit 1 TL Salz vermengen und 10 Minuten ziehen lassen. Die entstandene Flüssigkeit abgießen.

- Schalotte und Knoblauchzehe abziehen, beides sehr fein würfeln und zu den Zucchininudeln geben. Die Tomaten in feine Streifen schneiden und mit Zitronenschale, -saft und Kreuzkümmel ebenfalls unter die Nudeln heben.

- Minze und Koriander waschen, trocken schütteln, die Blätter abzupfen und hacken. Chilischote grob zerbröseln, mit Kräutern und Öl zu den Zucchini-Nudeln geben. Mit Salz und Pfeffer abschmecken und auf vier tiefe Teller verteilen.

- Die Pinienkerne in einer Pfanne ohne Fett bei mittlerer Hitze unter Rühren rösten, bis sie duften. Den Feta grob zerbröseln und mit den gerösteten Pinienkernen auf dem Salat anrichten.

TIPP

**Dazu passen Streifen von gebratener oder gegrillter Hähnchenbrust oder wachsweiche Eier.**

# ERBSENCREMESUPPE MIT ZITRONENGRAS UND SCHINKEN-CHIPS

**Für 4 Personen**

**FÜR DIE SCHINKEN-CHIPS**

**8 Scheiben Serranoschinken**

**FÜR DIE SUPPE**

**2 Schalotten**

**1 EL Butter**

**1 kg Erbsen (TK)**

**1 Stange Zitronengras**

**Salz**

**600 ml Gemüsebrühe**

**150 g Frischkäse (oder Crème fraîche)**

**abgeriebene Schale und Saft von ½ Bio-Zitrone**

**frisch gemahlener schwarzer Pfeffer**

**ZUM ANRICHTEN**

**80 g Cashewkerne (oder Erdnüsse)**

**1 TL Sonnenblumenöl**

**½ TL Currypulver**

**1 EL Olivenöl**

**30 Min**

**Nährwerte pro Portion:**
**Kcal 652 | E 35 g | F 33 g | KH 41 g**

- Den Backofen auf 160 °C (Umluft) vorheizen. Die Schinkenscheiben in kleine Stücke zupfen und auf einem mit Backpapier belegten Backblech ausbreiten. Dann im Ofen 6–8 Minuten rösten. Herausnehmen und abkühlen lassen.

- Inzwischen für die Suppe die Schalotten abziehen und fein würfeln. Die Butter in einem großen Topf erhitzen und die Schalottenwürfel darin bei mittlerer Hitze 4–5 Minuten anschwitzen, dabei öfter umrühren. Die Temperatur auf schwache Hitze reduzieren. Erbsen in den Topf geben. Das Zitronengras von den äußeren, trockenen Blättern befreien und mehrfach andrücken. Dann halbieren, mit 1 TL Salz und Brühe zu den Erbsen geben, alles 10–12 Minuten köcheln lassen.

- Das Zitronengras entfernen und die Suppe mit dem Stabmixer sehr fein pürieren. Danach den Frischkäse zugeben und alles erneut pürieren. Die Suppe mit Zitronenschale, -saft, Salz und Pfeffer abschmecken.

- Die Cashewkerne grob hacken, in eine Pfanne geben und mit Sonnenblumenöl und Currypulver gut vermengen. Dann langsam bei mittlerer Hitze unter Rühren rösten, bis es duftet. Anschließend die Pfanne vom Herd nehmen.

- Die Suppe auf vier tiefe Teller verteilen. Die gerösteten Kerne und die Schinken-Chips darauf anrichten. Alles mit Olivenöl beträufeln.

# GEBACKENE AUBERGINE MIT KNOBLAUCH-ZITRONEN-JOGHURT

**Für 4 Personen als Vorspeise**

**FÜR DIE AUBERGINEN**

**4 Auberginen**

**Salz**

**2 EL Olivenöl**

**FÜR DEN KNOBLAUCH-ZITRONEN-JOGHURT**

**500 g griechischer Joghurt**

**1 Knoblauchzehe**

**abgeriebene Schale und Saft von 1 kleinen Bio-Zitrone**

**Salz**

**ZUM ANRICHTEN**

**4 Stängel Koriandergrün**

**2 Stängel Dill**

**1 Msp. Piment d'Espelette**

**🕒 15 Min + 45 Min Backzeit**

**Nährwerte pro Portion:**
**Kcal 253 | E 7 g | F 18 g | KH 12 g**

- Den Backofen auf 150 °C (Umluft) vorheizen. Die Auberginen waschen, trocken tupfen, im Ganzen auf den Rost legen und im Ofen etwa 45 Minuten backen.

- Inzwischen den Joghurt in einer Schüssel glatt rühren. Den Knoblauch abziehen und durch die Presse drücken. Den Joghurt mit Knoblauch, Zitronenschale, -saft und Salz abschmecken.

- Koriander und Dill waschen, trocken schütteln und die Blätter und Spitzen abzupfen.

- Die Auberginen aus dem Ofen nehmen, längs halbieren und je zwei Hälften auf einem Teller anrichten. Die Schnittflächen der Auberginen leicht salzen, das Öl darüberträufeln und den Knoblauch-Zitronen-Joghurt darauf verteilen. Alles mit Piment d'Espelette bestäuben und mit Koriander und Dill garniert servieren.

# CREMIGE FENCHELSUPPE MIT BLUTORANGE UND RAUCHMANDELN

**Für 4 Personen**

**FÜR DIE SUPPE**

**2 kleine Schalotten**

**2 EL Olivenöl**

**800 g Fenchel**

**300 g Petersilienwurzel**

**1 kleine getrocknete Chilischote**

**1 TL Salz**

**600 ml Gemüsebrühe**

**300 ml Milch**

**abgeriebene Schale und Saft von ½ Bio-Blutorange (oder Bio-Orange)**

**FÜR DIE PAPRIKA-RAUCH-MANDELN**

**50 g gehackte Mandeln**

**1 TL Sonnenblumenöl**

**½ TL geräuchertes Paprikapulver**

**Salz**

**ZUM ANRICHTEN**

**etwas Petersilienwurzel-Grün (oder glatte Petersilie)**

**4 EL rote Rettichkresse**

**2 EL Olivenöl**

**40 Min**

**Nährwerte pro Portion:**
**Kcal 300 | E 10 g | F 20 g | KH 14 g**

- Die Schalotten abziehen und fein würfeln. Das Öl in einem großen Topf erhitzen und die Schalottenwürfel darin bei mittlerer Hitze etwa 4 Minuten anschwitzen, dabei öfter rühren. Den Fenchel putzen, waschen, vom Strunk befreien und in Streifen schneiden. Die Petersilienwurzeln schälen, putzen und in feine Scheiben schneiden. Das Gemüse zu den Schalotten geben und etwa 4 Minuten mitgaren, dabei öfter umrühren. Die Chilischote grob zerbröseln, mit dem Salz zum Gemüse geben. Mit der Brühe ablöschen und zum Kochen bringen.

- Die Temperatur auf schwache Hitze reduzieren und das Gemüse zugedeckt 25–30 Minuten köcheln lassen. Kurz vor Ende der Garzeit die Milch angießen und alles noch 3–5 Minuten köcheln lassen. Die Suppe mit dem Stabmixer fein pürieren und mit Orangenschale und -saft abschmecken. Dann warm halten.

- Für die Rauchmandeln die gehackten Mandeln in einer Pfanne ohne Fett bei mittlerer Hitze unter Rühren rösten, bis sie duften. Öl sowie Paprikapulver unterrühren, bis das Paprikapulver duftet. Die Mandeln mit etwas Salz abschmecken. Aus der Pfanne nehmen.

- Das Petersilienwurzel-Grün waschen, trocken tupfen und grob zerzupfen. Die Fenchelsuppe auf vier Schalen verteilen und mit Petersilienwurzel-Grün, Kresse, Rauchmandeln und Öl garniert servieren.

# SO BUNT WAREN NUDELN NOCH NIE

Zucchini, Karotten, Steckrüben, Kohlrabi und Salatgurken haben etwas gemeinsam: Sie alle lassen sich zu leckeren Gemüsenudeln verarbeiten und bescheren bewussten Genießern innerhalb weniger Minuten geniale »Pasta«-Gerichte – die auch noch optisch jede Menge auf dem Teller hermachen!

① 

## GEMÜSENUDELN SELBST HERSTELLEN

Ein Leben ohne Nudeln? Kaum vorstellbar – und das muss auch nicht sein! Denn zum einen ist es zwischendurch gar kein Problem, auch mal zu »echten« Hartweizen- oder Eiernudeln zu greifen – immerhin möchten wir statt Verboten lieber eine vernünftige und genussvolle Balance haben.

Zum anderen gibt es wirklich raffinierte und leckere Nudel-Alternativen auf dem Wochenmarkt: Aus Zucchini, Salatgurken, Kohlrabi oder Karotten lassen sich innerhalb weniger Minuten Gemüsenudeln schneiden, die sich dann wahlweise kalt oder warm weiterverarbeiten lassen. Gemüsenudeln schlagen mit kaum Kohlenhydraten zu Buche und sind für den Ernährungs-Alltag somit ideal. In diesem Buch tauchen immer wieder Rezepte auf, bei denen der Spiralschneider zum Einsatz kommt. Mal für kalte Salate (z. B. aus Zucchini mit getrockneten Tomaten und Feta, Rezept siehe Seite 132), mal für warme Speisen (z. B. die Kohlrabi-Schinken-Nudeln mit Erbsen und Joghurt-Sauce, siehe Seite 74, oder die herrliche Steckrüben-Carbonara, siehe Seite 165).

Wer bislang noch nie mit einem Spiralschneider gearbeitet hat, findet auf dieser Seite ein paar Einsteiger-Tipps, Tricks und Ideen. So macht das Drehen noch mehr Spaß!

②

## WELCHE GEMÜSESORTEN EIGNEN SICH FÜR DEN SPIRALSCHNEIDER?

Im Prinzip alle, die fest genug sind, dass sie sich in das Gerät einspannen lassen und zu »Nudeln« drehen lassen. Perfekt sind Zucchini, Kohlrabi, Karotten und Salatgurken, aber auch Steckrüben(stücke) funktionieren ideal! Eine Tomate ist zu weich, Radieschen zu klein, aber Rettich würde wieder wunderbar funktionieren.

## ③ WIE LANG IST DIE GARZEIT VON GEMÜSENUDELN?

Durch die dünne und schmale Schnittform ist die Garzeit sehr kurz. Zucchini müssen quasi nur mit Wärme in Berührung kommen, schon sind sie gar. Ein oder zwei Minuten im Kochtopf reichen also völlig aus. Kohlrabi und Steckrübe brauchen zwei oder drei Minuten länger, Karotten ebenfalls. Dabei kommt es natürlich ganz auf die gewünschte Konsistenz an. Am besten schmecken Gemüsenudeln, wenn sie noch etwas bissfest sind.

## ④ UND WAS IST MIT NUDELSALAT?

Auch das funktioniert sehr gut! So lassen sich Zucchini, Kohlrabi und Salatgurken ganz wunderbar roh als Salat verarbeiten. Dazu einfach die fertig gedrehten Nudeln in eine Schale geben, etwas Salz einarbeiten und wie einen kalten Nudelsalat abschmecken. Aber aufpassen: Gurken und Zucchini verlieren viel Wasser – dieses vor dem Servieren unbedingt abgießen.

## ⑤ SCHNELLE GEMÜSENUDELN FÜR DIE MITTAGSPAUSE – GEHT DAS?

Auf jeden Fall! Einfach am Abend vorher die Nudeln schneiden, salzen und in eine verschließbare Vorratsdose füllen. Wahlweise nimmt man Nudeln aus Zucchini, Kohlrabi oder Karotten – oder gleich alle drei Sorten gemischt. Die Nudeln gießt man mittags in der Küche kurz ab, da sich zuvor etwas Flüssigkeit abgesetzt hat. Anschließend erwärmt man sie mit nur wenig Wasser (in einem Topf oder aus dem Wasserkocher) und hebt, sobald die Nudeln die gewünschte Konsistenz erreicht haben, 1–2 TL Tomaten- oder Basilikumpesto darunter. Auch eine selbst gemachte Kräutersauce aus griechischem Joghurt, gehacktem Koriandergrün, Zitronenschale, Zitronensaft, Schnittlauchröllchen und Knoblauch schmeckt köstlich dazu. Und wer mag, streut kurz vor dem Servieren noch ein paar geröstete Nüsse oder Kerne obenauf. Fertig ist der gesunde Nudelgenuss!

# GELBE-BETE-SPAGHETTI IN KOKOS-INGWER-SAUCE

**Für 4 Personen**

**FÜR DIE GELBE-BETE-NUDELN**

**1,4 kg Gelbe Bete (frisch)**

**1 Bund Frühlingszwiebeln**

**1 rote Chilischote**

**3 Schalotten**

**1 Stück Ingwer (4 cm)**

**2 EL Sonnenblumenöl**

**1 TL Salz**

**200 ml Gemüsebrühe**

**250 ml Kokosmilch**

**FÜR DIE CURRY-KERNE**

**75 g Cashewkerne**

**1 EL Butter**

**½ TL Currypulver**

**25 Min**

**Nährwerte pro Portion:**
**Kcal 444 | E 9 g | F 28 g | KH 32 g**

- Die Gelbe Bete schälen, putzen und mithilfe eines Spiralschneiders in »Spaghetti« schneiden. Die Frühlingszwiebeln putzen, waschen und in feine Ringe schneiden. Die Chilischote waschen, längs halbieren, entkernen und sehr fein würfeln. Die Schalotten abziehen und ebenfalls fein würfeln. Den Ingwer schälen und sehr fein hacken.

- Das Öl in einem großen Topf erhitzen und die Chili-, Schalotten- und Ingwerwürfel darin bei mittlerer Hitze etwa 4 Minuten anschwitzen, dabei öfter umrühren. Dann die Gelbe-Bete-Spaghetti und das Salz zugeben. Brühe und Kokosmilch angießen und die Nudeln darin 3–4 Minuten bei mittlerer Hitze köcheln lassen, sie sollten anschließend noch bissfest sein. Die Temperatur auf schwache Hitze reduzieren und zwei Drittel der Frühlingszwiebeln 2–3 Minuten mitgaren.

- Die Cashewkerne grob hacken und in einer Pfanne ohne Fett bei mittlerer Hitze unter Rühren rösten, bis sie duften. Die Hitze reduzieren. Die Butter zu den Cashewkernen geben, schmelzen lassen und das Currypulver zufügen. Alles schnell vermengen. Pfanne vom Herd nehmen.

- Die Gemüsespaghetti mit der Sauce auf vier Schalen oder tiefe Teller verteilen. Die restlichen Frühlingszwiebelringe und die Curry-Kerne darauf anrichten.

# GEBRATENE JAKOBSMUSCHELN AUF GEMÜSECREME MIT BÄRLAUCH-ÖL

**Für 4 Personen als Vorspeise**

**FÜR DIE GEMÜSECREME**

**1 Schalotte**

**1 EL Butter**

**1 große Fenchelknolle (etwa 200 g)**

**½ kleine Sellerieknolle (etwa 400 g)**

**1 große Petersilienwurzel (etwa 200 g)**

**½ TL Salz**

**150–200 ml Milch**

**FÜR DAS BÄRLAUCH-ÖL**

**1 Bund Bärlauch**

**150 ml Sonnenblumenöl**

**FÜR DIE JAKOBS-MUSCHELN**

**2 EL Sonnenblumenöl**

**12 Jakobsmuscheln, küchenfertig vorbereitet**

**Salz**

**ZUM ANRICHTEN**

**40 g Kürbiskerne**

**35 Min**

**Nährwerte pro Portion:**
**Kcal 384 | E 23 g | F 26 g | KH 9 g**

- Die Schalotte abziehen und fein würfeln. Die Butter in einem Topf erhitzen und die Schalottenwürfel darin 2–3 Minuten anschwitzen, dabei öfter umrühren. Fenchel, Sellerie und Petersilienwurzel putzen und waschen. Den Fenchel ohne Strunk grob würfeln. Sellerie und Petersilienwurzel schälen und grob würfeln. Das Gemüse mit dem Salz zu den Schalottenwürfeln geben und die Milch angießen. Damit die Creme am Ende nicht zu flüssig wird, zunächst lieber etwas weniger Milch angießen und bei Bedarf mehr zugeben. Alles bei mittlerer Hitze unter gelegentlichem Rühren 20 Minuten garen.

- Inzwischen für das Bärlauch-Öl den Bärlauch waschen, trocken tupfen und die groben Stiele entfernen. Die Blätter mit dem Öl im Mixer fein pürieren. Durch ein feines Sieb passieren und das Bärlauch-Öl auffangen. Anschließend in eine kleine Flasche füllen und am besten direkt auf Eis legen (siehe Tipp Seite 96).

- Die Kürbiskerne grob hacken und in einer Pfanne ohne Fett bei mittlerer Hitze unter Rühren rösten, bis sie duften. Aus der Pfanne nehmen.

- Für die Jakobsmuscheln das Öl in einer beschichteten Pfanne erhitzen und die Muscheln darin auf einer Seite bei mittlerer Hitze etwa 4 Minuten braten. Dann wenden und noch 30 Sekunden bis 1 Minute braten, die Muscheln sollten glasig bleiben. Danach leicht mit Salz würzen.

- Das Gemüse in der Milch sehr fein pürieren und nach Belieben durch ein Sieb passieren. Auf vier Schalen verteilen, jeweils drei Jakobsmuscheln daraufsetzen und alles mit etwas Bärlauch-Öl sowie den Kürbiskernen garniert servieren.

TIPP

Nach Belieben kann man dem Bärlauch-Öl auch einige Tropfen Zitronensaft zufügen. Das erhält ebenfalls die appetitliche Farbe des Öls und passt geschmacklich toll zu den Jakobsmuscheln und dem Gemüsepüree.

# ASIA-BOLOGNESE MIT KONJAK-NUDELN

**Für 4 Personen**

**FÜR DIE BOLOGNESE**

**4 Karotten**

**4 Stangen Staudensellerie**

**2 Schalotten**

**1 Knoblauchzehe**

**4 EL Sonnenblumenöl**

**750 g Rinderhackfleisch**

**½ TL Salz**

**½ rote Chilischote**

**4 EL Sojasauce**

**2 EL *ketjap manis* (süße Sojasauce)**

**3 Stängel Minze**

**1 Bund Koriandergrün**

**1 Stück Ingwer (4 cm)**

**FÜR DIE KONJAK-NUDELN**

**500 g Konjak-Nudeln**

**Salz**

**ZUM ANRICHTEN**

**4 TL Sesam**

**45 Min**

**Nährwerte pro Portion:**
**Kcal 578 | E 42 g | F 38 g | KH 10 g**

- Karotten schälen und putzen. Sellerie waschen, putzen und beides fein würfeln. Schalotten und Knoblauch abziehen, beides ebenfalls fein würfeln. 2 EL Öl in einem großen Topf erhitzen und die Schalotten- und Knoblauchwürfel darin bei mittlerer Hitze 3–5 Minuten anschwitzen, dabei öfter umrühren. Karotten- und Selleriewürfel dazugeben und alles noch etwa 8 Minuten braten. Gemüse in eine Schale geben.

- Das restliche Öl (2 EL) im Topf erhitzen und das Hackfleisch darin krümelig braten. Das gebratene Gemüse mit dem Salz gründlich untermengen. Die Chilischote waschen, längs halbieren, entkernen und fein würfeln, mit den beiden Sojasaucen unterrühren und das Ragout mindestens 15 Minuten bei schwacher Hitze offen köcheln lassen, dabei immer wieder umrühren.

- Inzwischen die Nudeln in einem Sieb sehr gründlich mit kaltem Wasser waschen. Einen Topf mit Salzwasser aufsetzen und die Nudeln darin etwa 5 Minuten köcheln lassen. Dann in ein Sieb abgießen und abtropfen lassen.

- Minze und Koriander waschen, trocken schütteln und die Blätter abzupfen. Einige Blätter Minze oder Koriander zum Anrichten beiseitelegen, die restlichen Kräuter hacken und unter die Bolognese heben. Den Ingwer schälen, reiben und in das Ragout rühren. Die Bolognese nach Belieben mit Sojasauce abschmecken.

- Den Sesam in einer Pfanne ohne Fett bei mittlerer Hitze unter Rühren rösten, bis er duftet. Die Konjak-Nudeln mit der Bolognese vermengen und auf vier Teller verteilen. Mit den restlichen Kräutern sowie dem Sesam garniert servieren.

# SELLERIE-JOGHURT-CREME MIT ROTE BETE UND KREUZKÜMMEL

**Für 4 Personen**

**FÜR DIE SELLERIE-JOGHURT-CREME**

**1 Sellerieknolle (etwa 800 g)**

**1 TL Salz**

**200 ml Milch**

**500 g griechischer Joghurt**

**1 Msp. gemahlener Kreuzkümmel**

**abgeriebene Schale und Saft von ½ Bio-Zitrone**

**3 EL Olivenöl**

**FÜR DIE GEBACKENE BETE**

**1 kg Rote Bete**

**1 sehr kleine getrocknete Chilischote**

**½ TL Salz**

**3 EL Sonnenblumenöl**

**1 rote Zwiebel**

**½ Bund Koriandergrün**

**1 Msp. gemahlener Kreuzkümmel**

**2 EL Himbeeressig**

**4 EL Olivenöl**

**frisch gemahlener schwarzerPfeffer**

**ZUM ANRICHTEN**

**75 g Walnusskerne**

**2 TL Olivenöl**

**🕓 35 Min + 1 h Garzeit**

**Nährwerte pro Portion:**
**Kcal 688 | E 14 g | F 53 g | KH 28 g**

- Für die Sellerie-Joghurt-Creme den Sellerie schälen, waschen, in walnussgroße Würfel schneiden und mit Salz und Milch in einem großen Topf vermengen. Unter Rühren zum Kochen bringen. Die Temperatur auf schwache Hitze reduzieren und den Sellerie zugedeckt etwa 25 Minuten köcheln lassen, dabei öfter umrühren. Anschließend mit dem Stabmixer sehr fein pürieren und nach Belieben durch ein Sieb passieren. Das Püree abkühlen lassen.

- Inzwischen den Backofen auf 160 °C (Umluft) vorheizen. Die Rote Bete schälen, würfeln und in eine Auflaufform geben. Chilischote grob zerbröseln und mit Salz und Sonnenblumenöl unter die Rote Bete mischen. Im Ofen etwa 35 Minuten backen, dabei mehrmals umrühren.

- Inzwischen den Joghurt unter das abgekühlte Selleriepüree heben und alles mit Kreuzkümmel, Zitronenschale, -saft und Öl abschmecken.

- Die Zwiebel abziehen, in feine Streifen schneiden und unter die Rote-Bete-Würfel heben. Koriander waschen, trocken schütteln, Blätter abzupfen und ein paar zum Anrichten beiseite legen. Die restlichen Blätter hacken, mit Kreuzkümmel, Essig und Olivenöl zu den Rote-Bete-Würfeln geben. Mit Pfeffer abschmecken.

- Die Walnusskerne grob hacken und in einer Pfanne ohne Fett bei mittlerer Hitze unter Rühren rösten, bis sie duften.

- Die Sellerie-Joghurt-Creme auf vier Teller verteilen. Lauwarmen Rote-Bete-Salat, Öl, Walnusskerne und restlichen Koriander darauf anrichten.

TIPP

Noch ¼ Knoblauchzehe durch die Presse drücken und die Sellerie-Joghurt-Creme damit würzen. Und wer mag, bestäubt die noch heißen Walnusskerne unter Rühren mit einem Hauch Puderzucker – so bekommen sie einen zarten Karamell-Mantel.

TIPP

**Alles nach Belieben mit etwas orientalischem Würzsalz mit schwarzem Sesam bestreut servieren (siehe Foto). Wer mag, kann die Walnusskerne vor dem Anrichten in einer Pfanne noch kurz rösten.**

# CONFIERTER LACHS MIT FENCHEL-PÜREE UND FENCHEL-SALAT

**Für 4 Personen**

**FÜR DEN FENCHELSALAT**

**400–450 g Fenchel**

**Salz**

**2 Bio-Blutorangen (oder Bio-Orangen)**

**6 Stängel Dill**

**4 EL Olivenöl**

**FÜR DEN LACHS**

**800 g Lachsfilet ohne Haut**

**Salz**

**6 EL Olivenöl**

**FÜR DAS FENCHELPÜREE**

**2 Schalotten**

**2 EL Olivenöl**

**600 g Fenchel**

**150 ml Milch, plus eventuell mehr zum Verlängern**

**Salz**

**50 g Schlagsahne**

**1 TL Zitronensaft**

**ZUM ANRICHTEN**

**50 g Walnusskerne**

**25 Min + 25 Min Garzeit**

**Nährwerte pro Portion:**
**Kcal 870 | E 47 g | F 65 g | KH 16 g**

- Den Fenchel putzen, waschen und in feine Streifen schneiden. In eine große Schüssel geben und leicht salzen. Die abgeriebene Schale von einer Orange zum Fenchel geben. Beide Orangen filetieren und das Fruchtfleisch zum Fenchel geben. Den Dill waschen, trocken schütteln und die Spitzen abzupfen, zwei Drittel davon unter den Fenchel heben. Den Salat mit Öl und Salz abschmecken.

- Den Lachs aus dem Kühlschrank nehmen. Den Backofen auf 80 °C (Umluft) vorheizen. Inzwischen für das Fenchelpüree die Schalotten abziehen und fein würfeln. Das Öl in einem Topf erhitzen und die Schalottenwürfel darin bei schwacher Hitze 4–5 Minuten anschwitzen, dabei öfter umrühren. Fenchel putzen, waschen, ohne Strunk grob würfeln und 4–5 Minuten mitgaren. Dann die Milch und ½ TL Salz zufügen, alles zum Kochen bringen. Den Fenchel 25–30 Minuten köcheln lassen, dabei öfter umrühren. Bei Bedarf noch Milch angießen.

- Inzwischen den Lachs in vier Stücke schneiden, leicht salzen und je zwei Filets auf einen großen, weißen Teller legen (siehe Tipp Seite 100). Die Filets im Öl wälzen, sodass sie gut damit benetzt und die Tellerflächen gut eingeölt sind. Frischhaltefolie über die Teller spannen, den Fisch im Ofen in 15–17 Minuten glasig confieren.

- Den gegarten Fenchel mit dem Stabmixer pürieren, Sahne zufügen und das Fenchelpüree mit Zitronensaft und Salz abschmecken. Nach Belieben durch ein Sieb passieren. Mit dem Fenchelsalat sowie den Lachsfilets auf vier Teller verteilen. Walnusskerne hacken und mit dem restlichen Dill darauf anrichten.

# OFEN-HÄHNCHENSCHENKEL MIT ZWEIERLEI KAROTTEN

**Für 4 Personen**

**FÜR DIE HÄHNCHEN-SCHENKEL**

**4 Maishähnchenschenkel (à etwa 200 g)**

**Salz**

**4 EL Olivenöl**

**FÜR DEN KAROTTEN-CURRY-STAMPF**

**1 kg Karotten**

**Salz**

**150 ml Milch**

**100 ml Kokosmilch, plus mehr zum Verlängern**

**½ TL Currypulver**

**FÜR DIE CHILI-KAROTTEN**

**600 g Karotten**

**1 sehr kleine getrocknete Chilischote**

**1 EL Butter**

**Salz**

**ZUM ANRICHTEN**

**50 g Cashewkerne**

**1 TL Sonnenblumenöl**

**½ TL Currypulver**

**4 Stängel Koriandergrün**

**2 EL rote Rettichkresse**

**🕓 25 Min + 30 Min Ruhezeit + 35 Min Garzeit**

**Nährwerte pro Portion:**
**Kcal 648 | E 37 g | F 39 g | KH 28 g**

- Die Hähnchenschenkel 20–30 Minuten vor der Zubereitung aus dem Kühlschrank nehmen. Den Backofen auf 165 °C (Umluft) vorheizen. Die Hähnchenschenkel ringsum leicht mit Salz und Öl einreiben, in eine große Auflaufform legen und im Ofen 35–40 Minuten garen.

- Für den Karotten-Curry-Stampf die Karotten schälen, putzen und in Scheiben schneiden. Mit ½ TL Salz und Milch in einen Topf geben. Aufkochen, dann die Temperatur auf mittlerer Hitze reduzieren und die Karotten zugedeckt etwa 30 Minuten köcheln lassen. Dann Kokosmilch und Currypulver zugeben, alles mit dem Stabmixer pürieren und je nach gewünschter Konsistenz noch etwas mehr Kokosmilch zufügen.

- Für die Chili-Karotten die Karotten schälen, putzen und fein würfeln. Die Chilischote grob zerbröseln. Die Butter in einer großen Pfanne erhitzen. Karottenwürfel, Chilischote und etwas Salz zufügen, alles 8–10 Minuten anbraten, dabei öfter umrühren. Die Karotten sollten bissfest bleiben.

- Die Cashewkerne grob hacken und in einer Pfanne ohne Fett bei mittlerer Hitze unter Rühren rösten, bis sie duften. Öl und Currypulver gut untermengen und die Kerne kurz weiterrösten, bis das Currypulver duftet. Auf einen Teller geben und abkühlen lassen.

- Den Koriander waschen, trocken schütteln und die Blätter abzupfen. Den Karottenstampf mit Salz abschmecken und mit Hähnchenschenkeln und Chili-Karotten auf vier Teller verteilen. Alles mit Curry-Kernen, Koriander und Rettichkresse garniert servieren.

**TIPP** Wer die Haut besonders kross mag, kann die Temperatur für die letzten drei Minuten Backzeit auf 200 °C erhöhen.

# MEERBARBE AUF SELLERIEPÜREE MIT GERÖSTETEN KICHERERBSEN

**Für 4 Personen**

**FÜR DAS SELLERIEPÜREE**

**1 kg Knollensellerie**

**1 TL Salz**

**300 ml Milch**

**1 Bund glatte Petersilie**

**50 g Schlagsahne (nach Belieben)**

**FÜR DIE KICHERERBSEN**

**1 Dose Kichererbsen (240 g Abtropfgewicht)**

**1 EL Sonnenblumenöl**

**1 Msp. Salz**

**¼ TL Ras el-Hanout (marok. Gewürzmischung)**

**FÜR DAS KAROTTEN-ORANGEN-GEMÜSE**

**600 g Karotten**

**1 EL Sonnenblumenöl**

**½ TL Salz**

**Saft und abgeriebene Schale von ½ Bio-Orange**

**1 EL Olivenöl**

**FÜR DIE MEERBARBE**

**4 große Meerbarbenfilets mit Haut (à 200–300 g)**

**Salz**

**1 EL Butter**

**30–50 g Schlagsahne**

**40 Min**

**Nährwerte pro Portion:**
**Kcal 539 | E 50 g | F 21 g | KH 27 g**

- Den Sellerie schälen, waschen, in walnussgroße Würfel schneiden und mit Salz und Milch in einen großen Topf geben. Unter Rühren zum Kochen bringen, dann die Temperatur auf schwache Hitze reduzieren und den Sellerie zugedeckt 25–30 Minuten köcheln lassen, dabei öfter umrühren. Mit dem Stabmixer sehr fein pürieren. Petersilie waschen, trocken schütteln und einige Blätter zum Anrichten beiseitelegen. Übrige Petersilie fein hacken, unter das Püree heben und dieses erneut pürieren. Nach Belieben mit Sahne verfeinern. Warm halten.

- Den Backofen auf 160 °C (Umluft) vorheizen. Die Kichererbsen in ein Sieb abgießen, abbrausen, trocken tupfen und in einer Schale mit Öl, Salz und Ras el-Hanout gut vermengen. Auf ein mit Backpapier belegtes Backblech geben und etwa 20 Minuten im Ofen rösten.

- Die Karotten schälen, putzen und fein würfeln. Das Öl in einem Topf erhitzen, die Karottenwürfel darin kurz anbraten. Die Temperatur auf mittlere Hitze reduzieren und die Karotten noch etwa 5 Minuten braten. Salz und Orangensaft zufügen, alles 1–2 Minuten köcheln lassen. Mit Orangenschale und Öl abschmecken. Warm halten.

- Den Fisch entgräten und salzen. Die Butter in einer beschichteten Pfanne erhitzen, die Filets auf der Hautseite bei mittlerer Hitze 2–4 Minuten anbraten, dabei nach 30 Sekunden die Sahne nach und nach angießen; der Fisch soll weiterbraten, nicht kochen. Die Filets dann bei schwacher Hitze noch etwa 1 Minute weiterbraten.

- Püree, Fischfilets, Kichererbsen, Karotten und die restliche Petersilie auf vier Teller verteilen.

# MAISHÄHNCHENFILETS AUF OFENSPARGEL MIT GURKENSALAT

**Für 4 Personen**

**FÜR DIE MAISHÄHNCHEN-FILETS**

**4 Maishähnchenbrustfilets (à 180–200 g)**

**3 EL Olivenöl**

**Salz**

**FÜR DEN OFENSPARGEL**

**2 kg Spargel**

**Salz**

**1 Prise Zucker**

**3 EL Olivenöl**

**FÜR DEN GURKEN-SESAM-SALAT**

**2 Salatgurken**

**1 Bund Koriandergrün**

**½ TL Salz**

**2 EL Sojasauce**

**1 EL Reisessig**

**2 EL geröstetes Sesamöl**

**abgeriebene Schale und Saft von ½ Bio-Zitrone**

**1 Stück Ingwer (4 cm)**

**4 EL Sesam**

**½ TL Ahornsirup (nach Belieben)**

**ZUM ANRICHTEN**

**3 Stängel Koriandergrün**

**🕒 45 Min**

**Nährwerte pro Portion:**
**Kcal 587 | E 54 g | F 32 g | KH 13 g**

- Die Hähnchenbrustfilets etwa 30 Minuten vor der Zubereitung aus dem Kühlschrank nehmen. Den Backofen auf 160 °C (Umluft) vorheizen. Den Spargel waschen, schälen und die holzigen Enden entfernen. Spargel in eine große Auflaufform legen. Mit Salz und Zucker würzen und im Öl wenden. Im Ofen in etwa 25 Minuten leicht bissfest garen

- Für die Filets das Öl in einer großen Pfanne erhitzen und das Fleisch darin bei mittlerer Hitze auf jeder Seite 1–2 Minuten goldbraun anbraten. Dann die Temperatur auf schwache Hitze reduzieren und die Hähnchenbrustfilets 15–20 Minuten braten, dabei öfters wenden.

- Für den Gurkensalat die Gurken waschen, trocken tupfen, längs halbieren, entkernen und fein würfeln. Den Koriander waschen, trocken schütteln und fein hacken. Gurkenwürfel, Koriander, Salz, Sojasauce, Essig, Öl, Zitronenschale und -saft in einer Schüssel vermengen. Den Ingwer schälen, reiben und dazufügen. Dann den Sesam in einer Pfanne ohne Fett bei mittlerer Hitze unter Rühren rösten, bis er duftet. Zum Gurkensalat geben und diesen nach Belieben mit Ahornsirup abschmecken.

- Den Koriander waschen, trocken schütteln und die Blätter abzupfen. Die Hähnchenbrustfilets mit Salz würzen und mit dem Gurkensalat auf dem Spargel anrichten. Alles mit dem Koriander garniert servieren.

# ROTKOHLSTEAK MIT SCHINKEN-GRANATAPFEL-CRUMBLE

**Für 4 Personen**

**1 mittelgroßer Rotkohl**

**Salz**

**FÜR DEN SCHINKEN-GRANATAPFEL-CRUMBLE**

**2 rote Zwiebeln**

**2 EL Sonnenblumenöl**

**200 g geräucherte Schinkenwürfel**

**1 sehr kleine getrocknete Chilischote**

**4 EL Granatapfelkerne**

**ZUM ANRICHTEN**

**4 Eier (Größe M)**

**4 Stängel Dill**

**4 Stängel glatte Petersilie**

**60 g Walnusskerne**

**⏲ 25 Min + 1 h Garzeit**

**Nährwerte pro Portion:**
**Kcal 467 | E 26 g | F 31 g | KH 14 g**

- Den Backofen auf 250 °C (Umluft) vorheizen. Den Rotkohl waschen, trocken tupfen und auf den Rost in den Ofen legen. Ein Backblech darunter schieben, da der Kohl beim Garen tropft. Den Kohl im Ofen 1–1½ Stunden verbrennen lassen. Eine Garprobe (zum Beispiel mit einer Messerspitze) machen, der Kohl sollte weder zu weich noch zu fest sein.

- Inzwischen für den Schinken-Crumble die Zwiebeln abziehen und fein würfeln. Das Öl in einer Pfanne erhitzen und die Zwiebelwürfel darin bei mittlerer Hitze etwa 4 Minuten anschwitzen, dabei öfter umrühren. Die Schinkenwürfel dazugeben und alles weitere 2–3 Minuten braten. Die Chilischote zerbröseln, untermengen und die Pfanne vom Herd nehmen. Die Granatapfelkerne unter den leicht abgekühlten Zwiebel-Schinken-Mix heben.

- Die Eier in kochendem Wasser in 6 Minuten wachsweich kochen. Abschrecken und pellen.

- Dill und Petersilie waschen, trocken schütteln und die Spitzen beziehungsweise Blätter abzupfen. Die Walnusskerne grob hacken und in einer Pfanne ohne Fett bei mittlerer Hitze unter Rühren rösten, bis sie duften. Auf einem Teller abkühlen lassen.

- Den Rotkohl aus dem Ofen nehmen, die äußeren, dunklen Blätter entfernen und den Kohl in 1,5–2 cm dicke Scheiben (»Steaks«) schneiden. Je ein Steak pro Teller anrichten, leicht mit Salz würzen und 2–3 EL Crumble daraufgeben. Eier halbieren, mit etwas Salz bestreuen und jeweils zwei Hälften auf den Teller legen. Mit Kräutern und Walnusskernen bestreut servieren.

# GARMETHODEN VARIIEREN UND VIELSEITIG KOCHEN

Wer raffiniert und abwechslungsreich kochen will, sollte neben den Zutaten auch diverse Garmethoden im Blick haben. Denn ob beispielsweise eine Karotte in Salzwasser gart oder sie in Butter und Salz dünstet, macht einen großen kulinarischen Unterschied!

1

## MEHR ABWECHSLUNG

In diesem Buch tauchen verschiedenste Garmethoden auf. Mal wird Gemüse gekocht, mal gedünstet, dann im Ofen gebacken oder in der Pfanne kross gebraten. Alle Varianten sind bewusst gewählt. Denn abhängig von der Art der Zubereitung kann ein und dasselbe Produkt ganz anders schmecken. Wie etwas »schmeckt«, hat am Ende nicht nur mit Aromen und den fünf Geschmacksrichtungen zu tun. Ganz maßgeblich tragen auch die Textur, die Temperatur und damit eng verbunden die Garmethode zum Geschmackserlebnis bei.

Daher wird schnell klar, warum es in den seltensten Fällen sinnvoll ist, Karotten einfach nur in Salzwasser zu kochen. Farbstoffe, Geschmack und Aromen landen dann dort, wo sie schon wenig später entsorgt werden: im Garwasser. Die Karotten schmecken in dem Fall also vergleichsweise fad. Ganz anders wird das Ergebnis, wenn man die Karotten mit etwas Butter und Salz im eigenen Saft dünstet – die Süße der Karotten kommt dadurch zum Vorschein, und der Geschmack ist deutlich intensiver. Oder man brät sie in der Pfanne, dann bleibt das leckere Gemüse so schön knackig und bekommt zudem noch Röstaromen. Es lohnt sich, Garmethoden ganz bewusst zu wählen.

(2)

## NEU ENTDECKT: CONFIEREN

Diese Garmethode ist für den einen oder anderen vielleicht neu. Sie wird in diesem Buch vor allem für eine sanfte Zubereitung von Fischfilets genutzt. Confieren bedeutet »in Öl beziehungsweise im eigenen Saft garen«. Dazu wird der Fisch großzügig in Öl gewendet, auf einen mit Öl benetzten Teller gesetzt und mit Frischhaltefolie bedeckt. Alternativ kann der Fisch sogar komplett im Öl schwimmen. Dabei confiert das Fischfilet bei 80 °C (Umluft) im Backofen oder auch mit Öl bedeckt im Topf. Tatsächlich nimmt der Fisch das Öl bei den niedrigen Temperaturen nicht auf, es dient vielmehr als Schutzfilm, unter dem die Filets besonders schonend und geschmackserhaltend garen können. In einem Topf mit aromatisiertem Öl (etwa mit Sternanis, Zimt, Ingwer und Zitronenschale) kann Hähnchenfleisch gut confiert werden.

(3)

## MUT ZUM RÖSTEN

In gleich drei Rezepten dieses Buches wandert rohes Gemüse samt Schale bei höheren Temperaturen in den Backofen. Der Spitzkohl mit wachsweichem Ei (siehe Rezept Seite 98) wird sogar komplett verbrannt, jedoch nur von außen. Diese Methode ist für ein besonders intensiv schmeckendes Gemüse sehr verbreitet, vor allem in der Spitzengastronomie. So lässt Drei-Sterne-Koch Thomas Bühner Spitzkohl für vegetarische Gerichte ganz gezielt bei 250 °C (»alles, was der Ofen hergibt!«) innerhalb einer knappen Stunde verbrennen, so wie auch im Rezept auf Seite 98 beschrieben. Dann werden die äußeren, schwarzen Blätter entfernt und der perfekt im eigenen Saft gegarte Kohl bei Thomas Bühner mit etwas Kräutersalz und flüssiger Butter serviert.

Ähnlich wie das Öl beim Confieren, dienen die äußeren Blätter hier beim Rösten im Ofen als Schutz: Die Kohlblätter darunter garen im eigenen Saft geschmacksintensivierend vor sich hin. Diese Technik kommt in ähnlicher Form auch beim Kohlrabi-Carpaccio (Rezept siehe Seite 97) zum Einsatz, wobei der Kohlrabi hier nicht verbrennt. Für die Rotkohlsteaks mit Schinken-Granatapfel-Crumble (siehe Rezept Seite 159) wird das »Verbrennen« ebenfalls genutzt.

Wer es gerne ausprobieren möchte: Das »Verbrennen« funktioniert bei allen festen Gemüsesorten, die sich theoretisch nicht in der Faust zerquetschen lassen.

# GEBRATENER SKREI MIT ZWEIERLEI PASTINAKEN UND DILL-ÖL

**Für 4 Personen**

**FÜR DIE PASTINAKEN-CREME**

**800 g Pastinake**

**1 TL Salz**

**300 ml Milch**

**FÜR DIE GEBRATENEN PASTINAKENWÜRFEL**

**700 g Pastinake**

**2 EL Butter**

**Salz**

**½ TL Garam masala (ind. Gewürzmischung; oder Currypulver)**

**FÜR DAS DILL-ÖL**

**1 großes Bund Dill**

**200 ml Sonnenblumenöl**

**FÜR DEN SKREI**

**4 Skrei-Filets mit Haut (am besten Loins aus dem Rücken, grätenfrei)**

**Salz**

**2 EL Butter**

**30 g Schlagsahne**

**ZUM ANRICHTEN**

**60 g Kürbiskerne**

**🕓 25 Min + 25 Min Garzeit**

**Nährwerte pro Portion:**
**Kcal 704 | E 46 g | F 41 g | KH 31 g**

- Für die Pastinakencreme die Pastinaken putzen, schälen und würfeln. Mit Salz und Milch in einem großen Topf vermengen. Unter Rühren zum Kochen bringen, die Temperatur auf mittlere Hitze reduzieren und die Pastinaken in 25–30 Minuten weich garen. Mit dem Stabmixer fein pürieren und bei schwacher Hitze warm halten.

- Für die Pastinakenwürfel die Pastinaken putzen, schälen und fein würfeln. Die Butter in einer großen Pfanne erhitzen. Die Pastinakenwürfel darin kurz anbraten, dann Salz und Garam masala zugeben und die Pastinakenwürfel bei schwacher bis mittlerer Hitze 8–10 Minuten braten.

- Den Dill waschen, gut trocken schütteln, Spitzen abzupfen und einige davon beiseite legen. Den übrigen Dill mit dem Öl im Mixer fein pürieren. Durch ein feines Sieb passieren und das Dill-Öl auffangen. In eine kleine Flasche füllen und am besten direkt auf Eis legen (siehe Tipp Seite 96).

- Den Skrei mit Salz würzen. Die Butter in einer beschichteten Pfanne erhitzen, den Fisch darin auf der Hautseite bei mittlerer Hitze anbraten. Nach etwa 30 Sekunden die Sahne nach und nach angießen, der Fisch soll nicht in der Sahne schwimmen, sondern kross gebraten werden. Die Temperatur auf schwache Hitze reduzieren, den Skrei 4–5 Minuten weiterbraten. Herd ausschalten. Den Skrei bis zur gewünschten Garstufe (bestenfalls Fisch glasig) ziehen lassen.

- Die Kürbiskerne in einer Pfanne ohne Fett bei mittlerer Hitze unter Rühren rösten, bis sie duften. Pastinakencreme, Skrei, Pastinakenwürfel, Kürbiskerne, restlichen Dill und etwas Dill-Öl auf vier tiefe Teller verteilen.

TIPP

Anstelle von Pastinaken können für dieses Gericht auch Petersilienwurzeln verwendet werden. Skrei wird übrigens auch Winterkabeljau genannt, er ist etwa bis Ende März erhältlich. Alternativ kann man für dieses Rezept auch Zander verwenden.

# CREMIGE STECKRÜBEN-CARBONARA MIT GROBEM SENF

**Für 4 Personen**

**FÜR DIE GEMÜSE-SPAGHETTI**

**2 kg Steckrübe**

**2 Schalotten**

**2 EL Sonnenblumenöl**

**250 g geräucherte Schinkenwürfel**

**500 ml Gemüsebrühe**

**1 EL grober Senf**

**1 TL süßer Senf**

**Salz**

**frisch gemahlener schwarzer Pfeffer**

**FÜR DIE EIGELB-SAUCE**

**8 frische Eigelb**

**Salz**

**frisch gemahlener schwarzer Pfeffer**

**ZUM ANRICHTEN**

**3 Stängel glatte Petersilie**

**frisch gemahlener schwarzer Pfeffer**

**25 Min**

**Nährwerte pro Portion:**
**Kcal 525 | E 28 g | F 31 g | KH 24 g**

- Die Steckrüben schälen, putzen, vierteln und mithilfe eines Spiralschneiders in »Spaghetti« schneiden. Die Schalotten abziehen und fein würfeln. Das Öl in einem großen, hohen Kochtopf erhitzen. Die Schalottenwürfel darin bei mittlerer Hitze etwa 3 Minuten anschwitzen. Die Temperatur auf schwache Hitze reduzieren, die Schinkenwürfel zugeben und alles noch 3–4 Minuten braten.

- Nun die Gemüsespaghetti mit einer Schere etwas zerkleinern, dann nach und nach unter die Schinken-Schalotten-Mischung heben und 1–2 Minuten mit andünsten, dabei öfter umrühren. Mit der Brühe ablöschen und die Steckrüben-Nudeln darin bei mittlerer Hitze und unter regelmäßigem Rühren 5 Minuten garen. Die Spaghetti sollten noch leicht bissfest sein.

- Spaghetti in ein Sieb abgießen, den Sud auffangen (anderweitig verwenden) und die Spaghetti in eine große Schüssel geben. Beide Senfsorten unter die Nudeln ziehen und alles mit Salz und Pfeffer abschmecken.

- Die Eigelbe gut verquirlen, leicht mit Salz würzen. Dann nach und nach unter die noch sehr warmen Spaghetti heben und am besten mit den Händen unterheben (am besten Küchenhandschuhe dabei tragen). Mit Salz und Pfeffer abschmecken und auf vier Teller verteilen. Petersilie waschen, trocken schütteln, die Blätter abzupfen und zerzupfen. Auf die Spaghetti streuen und alles mit Pfeffer übermahlen.

# MAISHÄHNCHENFILETS AUF BLUMENKOHL-ZITRONEN-CREME

**Für 4 Personen**

**FÜR DAS HÄHNCHEN**

**4 Maishähnchenbrustfilets (à 180–200 g)**

**3 EL Olivenöl**

**Salz**

**FÜR DIE CREME**

**1 kg Blumenkohl**

**1 TL Salz**

**250 ml Milch, plus eventuell mehr zum Verlängern**

**50 g Schlagsahne**

**FÜR DEN GERÖSTETEN BLUMENKOHL**

**500–600 g Blumenkohl**

**½ TL Ras el-Hanout (marok. Gewürzmischung)**

**3 EL Sonnenblumenöl**

**FÜR DIE TRAUBEN-SALSA**

**1 rote Zwiebel**

**1 Knoblauchzehe**

**200 g kernlose Weintrauben, rote und helle gemischt**

**1 Bund Koriandergrün**

**4 EL Olivenöl**

**1 sehr kleine, getrocknete Chilischote**

**ZUM ANRICHTEN**

**50 g Kürbiskerne**

**45 Min**

**Nährwerte pro Portion:**
**Kcal 665 | E 55 g | F 38 g | KH 18 g**

- Die Hähnchenbrustfilets etwa 30 Minuten vor der Zubereitung aus dem Kühlschrank nehmen. Inzwischen für die Creme den Blumenkohl in kleine Röschen trennen, waschen und abtropfen lassen. In einem großen Topf mit Salz und Milch vermengen und zum Kochen bringen, dann bei mittlerer Hitze 25–30 Minuten köcheln lassen.

- Inzwischen den Backofen auf 165 °C (Umluft) vorheizen. Für den gerösteten Blumenkohl den Kohl in kleine Röschen trennen, waschen und abtropfen lassen. Den Blumenkohl mit ½ TL Salz, Ras el-Hanout und Öl in eine Auflaufform geben und im Ofen 20–25 Minuten rösten, dabei ein- bis zweimal umrühren.

- Für die Filets das Öl in einer großen Pfanne erhitzen und das Fleisch darin bei mittlerer Hitze auf jeder Seite 1–2 Minuten goldbraun anbraten. Die Temperatur auf schwache Hitze reduzieren und die Filets 15–20 Minuten braten, dabei öfter wenden. Mit Salz würzen.

- Für die Salsa Zwiebel und Knoblauch abziehen und fein würfeln. Die Trauben waschen und halbieren. Den Koriander waschen und trocken schütteln, die Blätter abzupfen und, bis auf ein paar für die Garnierung, fein hacken. Alles mit dem Öl in einer Schüssel vermengen. Chilischote darüberbröseln und mit Salz abschmecken.

- Die Kürbiskerne hacken und in einer Pfanne ohne Fett bei mittlerer Hitze unter Rühren rösten, bis sie duften. Den gegarten Blumenkohl mit dem Stabmixer fein pürieren, mit der Sahne verrühren und auf vier Tellern verteilen. Filets, gerösteten Blumenkohl, Kürbiskerne, Salsa und restlichen Koriander darauf anrichten.

# GEWUSST WIE: SPIELEN MIT KRÄUTERN UND FRÜCHTEN

Beim Kochen sind wir stets auf der Suche nach etwas Raffinesse, nach dem berühmten i-Tüpfelchen, das unsere Kreationen so besonders und genussvoll macht. Gekonntes Abschmecken ist dafür das A und O: Frische Kräuter und Früchte sind dabei eine wichtige Zutat!

1

## FRÜCHTE IN DER SALZIGEN KÜCHE?!

Unbedingt! Gerade in der herzhaften und salzigen Küche überwiegen – wie der Name schon sagt – die typisch salzigen Geschmäcker und eher grüne, pikante Aromen, die wir aus der Gemüsekiste kennen. Wer dem Ganzen mehr Raffinesse verleihen möchte, sollte Kontraste schaffen. Säuerliche, aber auch süße Früchte sind dazu bestens geeignet. Auch in einer moderaten und genussorientierten Low-Carb-Ernährung ist das kein Problem: Denn insbesondere rote Beerenfrüchte, wie Heidelbeeren, Erdbeeren, Himbeeren, Brombeeren oder Johannisbeeren, sind verhältnismäßig kohlenhydratarm, liefern aber eine reizvolle Fruchtsäure, die hier und da sogar den Essig im Salat ersetzen oder zumindest verringern kann. Wer einen grünen Blattsalat also nicht nur mit Gurkenwürfeln und Kirschtomatenhälften ergänzen möchte, sondern auch ein, zwei Handvoll Johannis- und Heidelbeeren zugibt, schafft direkt ein viel dichteres Geschmacks- und Aromenbild: Die Säure und die Süße der Früchte auf der einen Seite, die typischen Beeren-Aromen auf der anderen. Nicht zu vernachlässigen ist natürlich auch die Textur. Durch reife Beeren wird das Spiel der Konsistenzen sofort viel interessanter – und das Mundgefühl beim Essen gleich mit!

2

## OBST FÜR SAUCEN, RAGOUTS UND SALATE

Frische Früchte lassen sich in der herzhaften Küche vielfältig einsetzen. Entweder als Zutat im kalten Salat, aber auch warm im feurigen Curry: Ananas,

Pfirsich oder Nektarine sind dafür wie gemacht! Oder man verwendet Himbeeren, Mango, Pfirsich beziehungsweise Heidelbeeren als flüssig-sämige Basis für besondere Vinaigrettes. Aber auch in Antipasti, die im Sommer abends auf der Terrasse oder auf dem Balkon besonders gut schmecken, ist Obst willkommen: So lassen sich geschmorte Ofentomaten hervorragend mit roten Zwiebeln, etwas Knoblauch, frischer Minze sowie kalten Wassermelonenwürfeln ergänzen.

③

## KRÄUTER FÜR MEHR KOMPLEXITÄT

Das, was Früchte können, schaffen auch grüne Kräuter spielend. Während Früchte meist säuerliche, fruchtige und vor allem auch süße Noten auf den Teller bringen, sind es bei Kräutern die frischen, grünen, manchmal auch grasigen Aromen, die dem Gericht einen neuen Dreh geben. Tatsächlich reichen meist drei oder vier Stängel Koriander, Basilikum, Minze, Petersilie oder ein Löffel Schnittlauchröllchen schon aus, um einem Gemüse-Gericht eine komplett neue und oft komplexere Geschmacksrichtung zu geben. Wichtig dabei: Intensiv schmeckende Kräuter wie Koriandergrün, Minze oder Salbei sollten lieber nur sparsam verwendet werden – denn nachwürzen geht schließlich immer!

④

## WANN WELCHE KRÄUTER?

Verbote gibt es genauso wenig wie feste Regeln: Erlaubt ist, was gefällt! Sogar in Gemüsepfannen, die mit Zucchini, Auberginen, Tomaten, Knoblauch und Zwiebeln in die mediterrane Richtung gehen sollen, passen Koriandergrün und Minze ganz vorzüglich. Wer in der Richtung weiter würzen möchte, könnte noch etwas gemahlenen Kreuzkümmel zugeben. Aber wer erst mal langsam und auf Nummer sicher beginnen möchte: Basilikum, Rosmarin, Thymian und Oregano verfeinern sämtliche Gerichte der mediterranen Küche. Fügt man Koriandergrün und Minze hinzu, wird es wahlweise orientalisch oder auch asiatisch – je nachdem, welche Zutaten sonst noch im Spiel sind. Dill passt klassischerweise zu Salatgurken, ergänzt aber auch wunderbar ein Fischgericht mit Blumenkohlpüree und Kohlrabi. Wer gern experimentiert, gibt ein wenig Dill und Koriandergrün zusammen mit glatter Petersilie fein gehackt in eine Salatschüssel und ergänzt sie mit Blattsalaten, Tomaten, Heidelbeeren, roter Zwiebel sowie ein paar gerösteten Kernen – fertig ist ein Spitzen-Sommersalat, der nur noch nach etwas Zitrone verlangt.

# Register

## A



## B



## C



## E



## F

## L



## M



## N



## O



## P



## Q



## R



## S

## T



## W



## Z

# Über die Autorin

Stefanie Hiekmann ist Food- und Gastrojournalistin und erfahrene Kochbuchautorin. Sie schreibt für diverse Zeitungen, Magazine und Verlage (u. a. Der Feinschmecker, Foodie, Welt am Sonntag, Frankfurter Allgemeine Sonntagszeitung) rund um die Themen Essen und Trinken, Ernährung, Gastronomie und Genuss.

Für ihre Kochbücher entwickelt sie nicht nur raffinierte und alltagstaugliche Rezepte, sie ist auch immer wieder in Restaurants und Küchen unterwegs, um Spitzenköchen bei ihrer Arbeit über die Schulter zu schauen. »Was können wir von Spitzenköchen für zu Hause lernen?« – diese Frage zieht sich wie ein roter Faden durch viele Projekte der Osnabrückerin. Ihre Bücher »Aufgedeckt: Die Geheimnisse der Spitzenküche« (2017) sowie »Nachgefragt: 30 Spitzenköche verraten ihre Küchengeheimnisse« (2018) wurden mit der Silbermedaille der Gastronomischen Akademie Deutschlands (GAD) ausgezeichnet.

Ein weiterer Schwerpunkt ihrer Arbeit sind Hintergrundgeschichten zu aktuellen Ernährungsthemen und -trends. Sie entwickelt Rezepte für verschiedene Medien und Verlage, einen Großteil davon schon seit vielen Jahren Low Carb. Seit 2018 ist Stefanie Hiekmann Jurymitglied in der ZDF-Kochsendung »Stadt, Land, Lecker«.

---


## Ein herzliches Dankeschön an alle Kooperationspartner, die die Produktion und Gestaltung dieses Buches unterstützt haben:

**Die Gemüsegärtner aus Kalkriese** bei Osnabrück

**Lachsräucherei Westmeyer**, Hagen am Teutoburger Wald

**Le Creuset** für schöne Auflaufformen und -förmchen

**Lurch** – Spiralschneider für die Hobbyküche

**Philips** – leistungsstarke Entsafter für den Hausgebrauch

**Tafelgut** – raffinierte und spannende Tee-Mischungen für kohlenhydratarme Erfrischungsdrinks

**Villeroy & Boch** für schmucke Teller und Schalen

Penguin
Random
House



**Rezepte und Texte** Stefanie Hiekmann
**Fotografie und Styling** Stefanie Hiekmann
**Lektorat** Jutta Schmolke
**Nährwertberechnung** Astrid Büscher
**Gestaltung** Ludwig Haslberger

**Alle Bilder stammen von Stefanie Hiekmann, außer:**
7 Wolfgang D. Schott; 13 Andreas Sibler;
59 ASA Selection; 11 oben, 61, 62 links, 63 Nils Hasenau;
62 oben, 62 unten Jörg Lehmann;
64 Wonge Bergmann; 67 Jennifer Braun

**Für den DK Verlag:**
**Programmleitung** Monika Schlitzer
**Redaktionsleitung und Projektbetreuung** Anne Heinel
**Herstellungsleitung** Dorothee Whittaker
**Herstellungskoordination** Katharina Schäfer
**Herstellung** Sabine Hüttenkofer

**ISBN 978-3-8310-3866-4**

**Repro** Farbsatz, Neuried/München
**Druck und Bindung** Livonia, Lettland

FSC
www.fsc.org
MIX
Papier aus verantwortungsvollen Quellen
FSC® C002795

**www.dorlingkindersley.de**

**Hinweis**
Die Informationen und Ratschläge in diesem Buch sind von der Autorin und vom Verlag sorgfältig erwogen und geprüft, dennoch kann eine Garantie nicht übernommen werden.
Eine Haftung der Autorin bzw. des Verlags und seiner Beauftragten für Personen-, Sach- und Vermögensschäden ist ausgeschlossen.